Manfred Donderski

So geht Hefeteig

BLV Essen & Genießen

Manfred Donderski

So geht Hefeteig

BLV

CIP-Titelaufnahme der Deutschen Bibliothek

Donderski, Manfred:
So geht Hefeteig /
Manfred Donderski. –
München; Wien; Zürich:
BLV Verlagsgesellschaft, 1989
(BLV Essen und Geniessen; 563)
ISBN 3-405-13730-6
NE: GT

BLV Verlagsgesellschaft mbH
München Wien Zürich
8000 München 40

BLV Essen & Genießen 563

Satz und Druck: Appl, Wemding
Bindung: R. Oldenbourg, München

Printed in Germany · ISBN 3-405-13730-6

BILDQUELLEN

Allgäuer Alpensahne/Komplett-Büro, München, Seite 71
Braun AG, Kronberg/Taunus, Seite 74
CMA-Butterschmalz/Komplett-Büro, München, Seiten 38/39, 90
Kalifornische Rosinen/Komplett-Büro, München, Seite 43
Niederländisches Büro für Milcherzeugnisse, Aachen, Seiten 6/7, 35, 46 (2), 47, 67 (5), 87
Schwartauer Werke/Segmenta PR/Heide Schwarzweller, Hamburg, Seiten 59, 70
Sojaöl/Dr. Muth Public Relations GmbH, Hamburg, Seite 91
Alle anderen: Autor

Umschlagfoto vorn: Fotostudio Eising
Umschlagfoto hinten: Komplett-Büro

Zeichnung: Waltraud Berger

Leihgaben Haus- und Küchengeräte:
Hans Götz GmbH & Co KG,
8660 Münchberg, Bahnhofstraße 19

Ich danke der Bäckerei Neuper, 8687 Weißenstadt, für die hilfreiche Unterstützung.

ZU DEN REZEPTEN

Abkürzungen

TL	Teelöffel
EL	Eßlöffel
g	Gramm
kg	Kilogramm
ml	Milliliter
cl	Zentiliter
l	Liter
TK	Tiefkühlkost

1 l = 100 cl = 1000 ml
1 Tasse = 125 ml
(Inhalt einer üblichen Kaffeetasse)

Zu diesem Buch

Noch heute denke ich gern an den lieblichen Duft von frischen Hefekuchen, der durch das Haus zog, wenn Mutter in der Backröhre, die noch mit Holz und Kohlen zu beheizen war, Mohn- oder Pflaumenkuchen gebacken hat. Sie hat oft mit Hefe gebacken, obwohl das damals noch sehr mühsam war. Heute ist die Hefeteigzubereitung dank hochwertiger Zutaten sowie kräfte- und zeitsparender Küchenmaschinen problemlos.
Die Vielfalt der Gebäcksorten ist erstaunlich groß, denn nicht nur Blech- und Formkuchen werden aus Hefeteig hergestellt, sondern auch Brot in süßen und salzigen Varianten und frische, knusprige Brötchen.

Immer wieder begeistert selbst hergestelltes Gebäck aus Hefeteig, dessen vielseitige Rezeptvarianten und individuelle Zubereitung keinen Standardgeschmack entstehen lassen. Vergessen Sie das längst überholte Vorurteil, Hefeteig sei schwierig und gelinge selten; das stimmt heute wirklich nicht mehr. Sollte das erste Backwerk nicht gleich ein voller Erfolg werden, ist das noch kein Grund, aufzugeben; es ist noch kein Meister vom Himmel gefallen.

Ich danke meiner Frau, die mir bei kritischer Durchsicht der Rezepte wertvolle Anregungen gegeben und zum Gelingen des Hefebackbuches beigetragen hat.

Manfred Donderski

dische
Kümmel

Inhalt

Mehl

Wenn nicht anders angegeben, gilt für Weizenmehl, in der Regel auch nur Mehl genannt, die Type 405. In Österreich und der Schweiz gibt es andere Mehltypen:

Österreich

Weizenmehl
Es gibt die Weizenmehltypen 480, 700, 1600 und 1800.
Type 405 ≙ Type 480 (Dunst, Haushaltsmehl griffig oder glatt)
Type 550 ≙ (680 g Type 480 + 320 g Type 700)
Type 630 ≙ (320 g Type 480 + 680 g Type 700)
Type 812 ≙ (870 g Type 700 + 130 g Type 1600)
Type 1050 ≙ (610 g Type 700 + 390 g Type 1600)
Weizenschrot Type 1700 ≙ Type 1800 (Weizenvollkornmehl, Grahamvollschrot), diese Type ist nicht gesetzlich vorgeschrieben.

Roggenmehl
Es sind folgende Roggenmehltypen im Handel: 500, 960, 1800–1900 und 2500.
Type 815 ≙ (320 g Type 500 + 680 g Type 960)
Type 997 ≙ 960
Type 1150 ≙ (880 g Type 960 + 120 g Type 2500)
Type 1370 ≙ (730 g Type 960 + 270 g Type 2500)
Type 1740 ≙ (490 g Type 960 + 510 g Type 2500)
Roggenschrot 1800 ≙ Type 1800–1900 (Roggenvollschrot, Roggenbackschrot), diese Type ist nicht gesetzlich vorgeschrieben.

Schweiz

Weizenmehl
Es gibt Weißmehl, Halbweißmehl, Ruchmehl und Weizenschrot.
Type 405 ≙ Weizenmehl
Type 550 ≙ 360 g Weizenmehl + 640 g Halbweißmehl
Type 630 ≙ Halbweißmehl
Type 812 ≙ 570 g Halbweißmehl + 430 g Ruchmehl
Type 1050 ≙ Ruchmehl
Weizenschrot Type 1700 ≙ Weizenschrot (Grahammehl). Ein zu 98% ausgemahlenes Weizenvollkornmehl in den Körnungen fein, mittel und grob.

Roggenmehl
Es sind Roggenmehl hell, Roggenmehl dunkel und Roggenschrot im Handel erhältlich.
Type 610 ≙ Roggenmehl, hell
Type 815 ≙ 620 g helles Roggenmehl + 380 g dunkles Roggenmehl
Type 997 ≙ 720 g helles Roggenmehl + 280 g dunkles Roggenmehl
Type 1150 ≙ Roggenmehl, dunkel
Type 1370 ≙ 660 g dunkles Roggenmehl + 340 g feinen Roggenschrot
Type 1740 ≙ 100 g dunkles Roggenmehl + 900 g feinen Roggenschrot
Roggenschrot 1800 ≙ Roggenschrot in den Körnungen fein, mittel und grob.

ÜBER DIE HEFE

Aus: *Praktisches Kochbuch für die bürgerlichen Hausfrauen* von Sophie Röhmer. Zweite verbesserte und vermehrte Auflage. Druck und Verlag von C.C.Meinhold & Söhne. Königliche Hofdruckerei.

Zu Hefebäckereien bedient man sich am liebsten der Stückhefen, da man aber diese an sehr vielen Orten, besonders auf dem Lande, nicht immer bekommen kann, so werde ich mich hier in den folgenden Recepten der gewöhnlichen Bierhefen bedienen und bemerke nur, daß 4 Löffel guter dicker Bierhefen so viel treibende Kraft besitzen, als 2 Loth der besten Stückhefen; danach möge man bei vorkommenden Fällen das Verhältnis berechnen.
Ist man jedoch genöthigt, Bierhefen zum Backen zu verwenden, so wässere man solche, wenn es die Zeit erlaubt, vorher ein. Man gieße diese Hefen in einen Topf, lasse sie einige Stunden stehen, bis sich alles Dicke zu Boden gesetzt hat, gieße dann die dünne Brühe ab und dafür frisches Wasser darauf, lasse es 12 Stunden stehen, gieße das Wasser wieder ab und, wenn man Zeit hat, nochmals frisches Wasser darauf. Vor dem Gebrauch gieße man alles Wasser rein ab und verwende nur die dicken Hefen zum Backen.

So umständlich ist heute die Herstellung eines Hefebackwerkes nicht mehr – unsere Großmütter waren da wirklich zu bedauern.

Wie kommt es nun zu dieser teigtreibenden Wirkung der Hefe? Die Hefepilze benötigen Nährstoffe wie Zucker und Mehl, Sauerstoff und Wärme. Unter diesen Bedingungen entsteht durch die einsetzende Gärung (Triebwirkung) Kohlendioxid, dessen Bläschen in den unzähligen Teigporen nach oben streben und diese dabei vergrößern und heben. Der Teig scheint zu wachsen, wenn er sein Volumen etwa verdoppelt.
Um die optimale Triebwirkung der Hefe zu erreichen, sollten alle Zutaten und Geräte Zimmertemperatur haben. Die zugeführte Flüssigkeit muß lauwarm sein. Die ideale Temperatur zum Aufgehen eines Hefeteiges liegt zwischen 25 und 37 °C. Eine Ausnahme bildet die kalte Teigführung; bei dieser wird der Gärprozeß der Hefe verlangsamt.
Die Hefe hebt und lockert also das Teiggefüge und verleiht dem Backwerk den beliebten typischen Geschmack, wobei, je nach Art der Teigzubereitung, das Gebäck derb oder zart und locker sein kann.

Was ist Hefe?

Es war ein langer Weg, bis man in den Laden gehen konnte, um ein Stück des natürlichen Backtriebmittels Hefe zu kaufen. Heute, wo Hefe industriell hergestellt wird, ist sie aus der Backstube nicht mehr wegzudenken.
Hefe ist ein in der Natur vorkommender, sehr komplizierter Baustein. Die Hefe- oder Sproßpilze *(Saccharomyces cerevisiae)* sind winzige ovale Gebilde. Louis Pasteur wies

1850 Gärung durch Hefe und das dabei entstehende Kohlendioxid sowie Alkohol nach. Aus diesem Grunde benötigt man bei der Herstellung von Bier zusätzlich Hefe für den Gärvorgang (im Gegensatz zu Wein, wo sich auf der Traubenoberfläche als grauer Belag sichtbar Hefepilze angesiedelt haben).

Über Jahrhunderte experimentierten die Menschen, bis sie die teigtreibende Wirkung des Bierschaumes und der Bierhefe erkannten. Nachteilig war dabei der Biergeschmack, der auf den Teig übertragen wurde.

In den Niederlanden wurde erstmals 1784 Preßhefe hergestellt und verwendet. Erst der modernen Lebensmittelchemie gelang es, geschmacksveredelte Hefepilzkulturen mit besten Triebeigenschaften zu züchten. Heute wird aus sogenannter Reinzucht- oder Mutterhefe, die durch eine spezielle Nährflüssigkeit und bei einer Temperatur von +20 bis +30 °C zur Vermehrung angeregt wird, Backhefe in gleichbleibender Qualität hergestellt.

Im Handel wird die weißliche Frischhefe, in 42-g-Würfel abgepackt, angeboten. Diese Hefemenge reicht für 500 g Mehl aus, ist aber von Rezept zu Rezept unterschiedlich.

In Bayern und Österreich findet man auch die Bezeichnung *Germ* für Hefe, beispielsweise Germknödel.

Hefequalität

Frische Hefe zum Backen muß, wenn man sie zwischen den Fingern zerbröckelt, blättrig zerbrechen und angenehm weinartig riechen. Alte, überlagerte Hefe dagegen ist bräunlich, schmierig und läßt sich nur schlecht zerbröckeln. Beim Kauf also unbedingt auf das gesetzlich vorgeschriebene Haltbarkeitsdatum, unbeschädigte Verpackung und Lagerung im Kühlregal achten. Nur so ist sichergestellt, daß die Hefezellen ihre volle Triebkraft bei der Teigzubereitung und beim Backen entwickeln können.

Frische Hefe richtig lagern

Die ideale Temperatur zum Lagern der Hefe *im Kühlregal* oder im *Kühlschrank* liegt bei +4 °C. Bei dieser Temperatur behalten die Hefezellen ihre Aktivität und somit die erforderliche Triebkraft. Wichtig ist auch eine unbeschädigte Verpackung, denn Hefe nimmt leicht Fremdgerüche aus der Umgebung an. Unter diesen Bedingungen kann Frischhefe etwa eine Woche im Kühlschrank aufbewahrt werden.

Durch *Tiefkühlung* bei −15 bis −20 °C kann die Aufbewahrungszeit auf einige Wochen verlängert werden. Die gefrorene Hefe wird zum Gebrauch bei Zimmertemperatur aufgetaut. Sie wird dabei flüssig und verliert etwas von ihrer Triebkraft. Zum Ausgleich muß die im Rezept angegebene Hefemenge um die Hälfte erhöht werden. Die Verarbeitung bleibt so, wie sie das Rezept vorgibt.

Was Hefe nicht verträgt, sind hohe Feuchtigkeit, Hitze und Trockenheit. Bei diesen Bedingungen werden die lebenden Hefezellen zerstört, ihre Triebkraft geht verloren.

Was ist Trockenhefe?

Die moderne Lebensmittelverarbeitung macht es möglich, frische Hefe zu trocknen und zu körnen, ohne daß die natürlichen Eigenschaften verloren gehen. Diese pulverisierte Hefe wird in kleinen Päckchen verpackt angeboten.
Die Verarbeitung wird vom Hersteller vorgeschrieben. Es läßt sich praktisch jeder Hefeteig damit zubereiten. Die Lagerzeit und die Lagerbedingungen sind auf der jeweiligen Verpackung angegeben.

Ein Heferest

Die Hefemenge ist bei den Rezepten unterchiedlich, so daß Hefereste entstehen können. Verwenden Sie diesen mineral- und vitaminhaltigen Rest auf jeden Fall. Ich nasche gern davon oder löse ihn in etwas Fruchtsaft oder Cola auf. Man kann ihn aber auch dem Müsli zufügen oder über einen Rohkost- bzw. Fruchtsalat streuen.

Zutaten für den Hefeteig

DIE ZUBEREITUNG VON HEFETEIG

Teigzutaten

Die kleine Warenkunde beschreibt die wesentlichen Eigenschaften der Zutaten – neben Hefe –, aus denen Hefegebäck in den unterschiedlichsten Geschmacksrichtungen und Formen entsteht.

MEHL

Mehl, die Grundlage der meisten Backwaren, ist vom Volumen her die umfangreichste und einflußreichste Zutat. Mehl hat eine klebende Eigenschaft, man spricht vom Mehlkleber. Dieser umhüllt die durch Gärung entstehenden Gasbläschen (Kohlendioxid), die den natürlichen Weg nach oben suchen. Sie heben auf diese Art das Teiggerüst, das den notwendigen Halt durch die Klebeeigenschaft des Mehls bekommt.
Die bekanntesten Getreidearten, die zum Backen verwendet werden, sind Weizen, Roggen, Gerste und Hafer. Ihr Geschmack, die Färbung und die Verarbeitungseigenschaften bestimmen, welche Art von Gebäck daraus hergestellt werden kann.
Immer beliebter werden Backwaren aus nährstoff- und ballaststoffreichen Getreidearten und Zusätzen wie zum Beispiel Roggen, Buchweizen, Dinkel, Grünkern, Hafer, Hirse, Leinsamen, Nacktgerste und Sesam.

MILCH

Sie ist in den meisten Rezepten als Flüssigkeit angegeben, nur bei wenigen Backwaren wird Wasser verwendet. Milch macht den Teig wolliger, verbessert den Gehvorgang und die Formbarkeit des fertigen Hefeteiges. Außerdem erhält das Gebäck eine kräftigere Farbe und hält sich länger frisch.

FETT

Fett gibt dem Hefeteig Geschmeidigkeit, seine Struktur wird elastisch. Dadurch läßt er sich ausgezeichnet mit den Händen formen und sogar modellieren.
Butter ist besonders beliebt, da sie gleichzeitig ein ausgezeichneter Geschmacksträger ist und das Gebäck mürbe und zart macht. Die Schmelztemperatur liegt bei +37 °C und darf zum Zerlassen der Butter nicht wesentlich überschritten werden, um ein Verbrennen zu vermeiden.
Gern verwende ich auch *Butterschmalz.* Dieses durch Ausschmelzen von Butter entstandene reine Butterfett ist lange haltbar und gibt dem Gebäck eine weitere Geschmacksvariante.

Die in den Rezepten angegebene Buttermenge kann im Bedarfsfall durch die gleiche Menge Margarine ersetzt werden.

EIER

Eier werden dem Hefeteig nicht nur zur Gelbfärbung zugeführt, sondern auch zur Teiglockerung und Geschmacksverbesserung.

ZUCKER

Der alles versüßende Stoff übernimmt durch seine aushärtende Eigenschaft die Stabilisierung des fertiggebackenen Gebäcks. Er fördert zugleich den Gärvorgang der Hefe bei der Teigzubereitung.

SALZ

An keinem Hefeteig darf Salz fehlen. Ohne eine Prise davon schmeckt das fertige Gebäck fade. Doch Vorsicht, das Salz darf in der Regel nicht direkt mit der Hefe in Berührung kommen.

GEWÜRZE

Gewürze und Geschmackszutaten, die in den Rezepten aufgeführt sind, geben dem Gebäck eine »persönliche« Note. Sie können in der Menge verändert werden. Pulverisierte Gewürze sollen unter das Mehl gemischt werden, sie verteilen sich so gleichmäßig im Teig und entfalten ihr Aroma.

SAUERTEIG

Er ist bei einigen Rezepten als zusätzliches Lockerungs- und Geschmacksmittel angegeben. Der Einfachheit halber sollten Sie die relativ kleine Menge beim Bäcker kaufen. Mancherorts bekommt man ihn auch unter der Bezeichnung Natursauerteig im Reformhaus.

Grundzubereitungen

HEFE – WARM ODER KALT?

Die Hefe liebt es warm, denn nur in warmer Umgebung vermehren sich die Hefezellen schnell, besonders, wenn sie noch zusätzliche Nährstoffe wie Zucker und Mehl zugeführt bekommen. Eine Ausnahme bildet die kalte Teigführung (Seite 16), in der sich die Hefezellen ebenfalls vermehren, doch das nur unter bestimmten Bedingungen und nur ganz langsam. Man setzt diese Art der Teigzubereitung ein, um besonders schwere Teige, das sind fette und inhaltsreiche Teige wie Stollen, herzustellen. Aber auch um schon am Vorabend den Teig herzustellen, der dann am nächsten Tag nur noch ausgeformt und gebacken werden muß, beispielsweise für frische Frühstücksbrötchen.

FLÜSSIGKEITSMENGE

Art und Zutaten des Hefeteiges bestimmen, wieviel Flüssigkeit bei der Zubereitung zugegeben werden muß. Darum kann die Flüssigkeitsmenge nur in etwa angegeben werden. Teigstücke, die mit den Händen ausgeformt werden, benötigen einen festeren Hefeteig, damit er ausgerollt, geformt oder modelliert werden kann. Hefeteig für Formkuchen kann weicher, fließender sein. Die Backform gibt dem Kuchen den erforderlichen Halt. Geben Sie nicht gleich die ganze im Rezept angegebene Flüssigkeitsmenge in den entstehenden Teig. Die verbleibende Flüssigkeit kann bei Bedarf, wohldosiert, dem Teig zugeführt werden.

HINWEIS ZUM GEHENLASSEN IM BACKOFEN

Setzen Sie die Teigschüssel auf den Rost, untere Einschubleiste, des kalten Backofens und stellen Sie 10 Minuten 50 °C ein. Nach Ablauf dieser Zeit den Backofen ausschalten und den Hefeteig noch ca. 20 Minuten in der Restwärme gehen lassen. Die Schüssel herausnehmen, der Teig sollte sein Volumen verdoppelt haben und großporig aussehen. Den Hefeteig noch einmal durchkneten und nach Rezept weiterverarbeiten.

Hefeteigzubereitung 1: ohne Vorteig

(Fotos rechts)

Diese Art der Teigzubereitung kann nur mit der Standküchenmaschine oder dem elektrischen Handrührgerät durchgeführt werden.

Das Mehl in die Rührschüssel sieben, die fein zerbröckelte Hefe darauf verteilen. Lauwarme Flüssigkeit, Zukker, ggf. Eier, Salz und Würzzutaten sowie weiches Fett zufügen. Alle Zutaten mit den Knethaken bei niedriger Umdrehungszahl zu einem glatten Teig vermengen. Sobald das Mehl die Flüssigkeit aufgenommen hat, kann die Teigbearbeitung mit höherer Umdrehungszahl fortgesetzt werden. Die Maschine laufen lassen, bis sich Blasen im Teig bilden und dieser sich von der Schüsselwand löst.
Den Teig gehen lassen, dazu die Rührschüssel mit einem Küchenhandtuch abdecken und für ca. 40 Minuten an einen warmen Ort stellen. Der Teig sollte in dieser Zeit sein Volumen etwa verdoppeln, die Oberfläche großporig aussehen. Den Teig noch einmal mit den Knethaken durcharbeiten, dann je nach Rezept weiterverarbeiten.

Hefeteigzubereitung 2: mit Vorteig

(Fotos Seite 18)

Das Mehl in eine weite Schüssel sieben, in die Mitte eine Vertiefung drücken. Die Hefe zerbröckeln, in etwa 1/3 der im Rezept angegebenen lauwarmen Flüssigkeit auflösen und mit 1 TL Zucker sowie 2 EL Mehl verrühren. Diese Hefemilch in die Vertiefung gießen und etwas Mehl darüberstäuben. Mit einem Küchenhandtuch abgedeckt an einem warmen Ort gehen lassen, bis das aufgestäubte Mehl rissig wird. Der Vorteig soll großporig aussehen.
Die restlichen Zutaten – Milch, Zukker, ggf. Eier, Salz, Würzzutaten sowie weiches Fett – über den Mehlrand verteilen. Mit einem Teiglöffel oder den Knethaken des elektrischen Handrührgeräts bzw. der Küchenmaschine durcharbeiten. Der Teig muß Blasen bilden, glatt sein, glänzen und sich leicht von der Schüsselwand lösen.
Den Teig gehen lassen: Dazu die Rührschüssel mit einem Küchenhandtuch abgedeckt ca. 30 Minuten an einen warmen Ort stellen, bis sich das Volumen etwa verdoppelt hat. Den Teig auf bemehlter Arbeitsfläche noch einmal durchkneten und je nach Rezept weiterverarbeiten.

1

2

3

4

5

Hefeteig ohne Vorteig

1 Mehl in die Schüssel sieben, Hefe darauf zerbröckeln.

2 Milch, Zucker, Ei, weiches Fett und Gewürze zufügen.

3 Alle Zutaten mit dem elektrischen Handrührgerät verkneten.

4 Den Teig rühren, bis er sich von der Schüsselwand löst.

5 Nach dem Gehen soll der Teig sein Volumen etwa verdoppelt haben.

Hefeteigzubereitung 3: kalte Teigführung

Diese Art der Zubereitung hat sich bewährt, wenn der Teig längere Zeit vor der Verwendung zubereitet werden soll. Sie bietet sich auch bei schweren, fetten Teigen an.

Mehl in eine Schüssel sieben, darüber die in kalter Flüssigkeit aufgelöste Hefe gießen. Alle übrigen Zutaten zufügen und schnell mit einem Teiglöffel oder den Knethaken des elektrischen Handrührgeräts bzw. der Küchenmaschine zu einem glatten Teig verarbeiten. Kräftig schlagen, bis der Teig Blasen wirft und sich von der Schüsselwand löst.
Den Teig zu einem Kloß formen und auf ein bemehltes Holzbrett legen. Mit einem Küchenhandtuch gut abgedeckt in den Kühlschrank stellen. Die Teigruhezeit kann bis zu 12 Stunden betragen, bei einer Kühlschranktemperatur von ca. +3 bis +8 °C. Anschließend gut durcharbeiten, dann nach Rezept verarbeiten.

Hefeteigzubereitung 4: gerührter Hefeteig

Das Mehl in eine Schüssel sieben und eine Mulde hineindrücken. Die Hefe in 4–5 EL lauwarme Milch bröckeln, 1 TL Zucker zufügen und verrühren, bis sich alles aufgelöst hat. In die Mehlmulde gießen und, mit einem Küchenhandtuch abgedeckt, ca. 15 Minuten gehen lassen. Der Vorteig soll sein Volumen in dieser Zeit etwa verdoppeln.

Weiches Fett, Zucker, Eier und Salz schaumig rühren. Die Masse auf dem Mehlrand verteilen und mit den restlichen Teigzutaten mit dem Teiglöffel oder den Knethaken des elektrischen Handrührgeräts bzw. der Küchenmaschine zu einem glatten Teig verarbeiten. Kräftig schlagen, bis der Teig Blasen wirft und sich von der Schüsselwand löst. Die Rührschüssel mit einem Küchenhandtuch abdecken und den Teig am besten an einem kühlen Ort, jedoch nicht im Kühlschrank, ca. 40 Minuten gehen lassen. Der Teig sollte sein Volumen in dieser Zeit verdoppeln. Dann nochmals durcharbeiten und nach Rezept weiterverarbeiten.

Hefeteigzubereitung 5: Plunderteig (Hefeblätterteig)

(Fotos Seite 19)

Einen Hefeteig nach Hefeteigzubereitung 1 oder 2 herstellen und wie folgt weiterverarbeiten:
Den Teig auf einer bemehlten Arbeitsplatte zu einem Rechteck ausrollen und in drei Teile einteilen (nicht durchteilen!). Von einem kalten Ziehfett (Mehlbutter oder reine Butter) dünne Scheiben abschneiden und auf den mittleren Teil der Teigplatte legen. Das rechte Drittel der Teigplatte darüberschlagen und ebenfalls mit Ziehfettscheiben belegen. Nun das linke Drittel der Teigplatte darüberklappen und mit dem Rollholz leicht andrücken. Das Teigpaket so drehen, daß die offenen Seiten rechts und links sind. Nach vorn und hinten ausrollen, um

90 Grad drehen und in der Gegenrichtung ausrollen. Die Teigplatte wieder in drei Lagen zusammenfalten und 15 Minuten kalt stellen. Diesen Vorgang noch zweimal wiederholen und dabei das gesamte Ziehfett aufbrauchen. Der Teig darf nach der letzten Ruhezeit nicht mehr gewalkt und durchgeknetet werden. Er wird gleich ausgerollt und nach Rezept weiterverarbeitet.

Das Backen

BACKTEMPERATUR

Backtemperatur und Backdauer sind von der Gebäckart abhängig. Allgemein kann man davon ausgehen, daß die Backtemperatur für Hefegebäck zwischen 190 und 240 °C liegt, die Backdauer zwischen 6 Minuten bis zu 90 Minuten (bei Brot).
Um eine Kontrolle über diese Richtwerte zu bekommen, sollte das Gebäck immer in den auf die im Rezept angegebene Temperatur vorgeheizten Backofen geschoben werden.

Temperatureinstellung unterschiedlicher Backofentypen

Ober- und Unterhitze	Heißluft bzw. Umluft	Gas
180 °C	160 °C	Stufe 2
180–200 °C	160–170 °C	Stufe 2–3
200 °C	170 °C	Stufe 3
200–220 °C	170–180 °C	Stufe 3–4
220 °C	180 °C	Stufe 4

Die Werte und Einstellstufen sind Richtwerte, es müssen die Angaben des Herstellers beachtet werden.

BACKDAUER UND GARPROBE

Alle Rezepte sind mit den notwendigen Angaben wie Backtemperatur und Backdauer versehen. Das können jeweils nur Richtwerte sein, da der Garprozeß durch verschiedene Faktoren mitbeeinflußt wird. Daher muß zum angegebenen Ende der Backdauer eine *Garprobe* durchgeführt werden. Verwenden Sie dazu ein langes Holzstäbchen. Sticht man mit dem Stäbchen an verschiedenen Stellen in das Gebäck, so dürfen, wenn es durchgebacken ist, beim Herausziehen keine Teigreste hängen bleiben. Ist dies nicht der Fall, muß das Gebäck noch weiter gebakken und die Garprobe nach einigen Minuten wiederholt werden.
Ist die Gebäckoberfläche schon recht dunkel, verhindert ein Bogen Alufolie – mit der blanken Seite nach oben – weiteres Bräunen.
Bei Brot ist die Backdauer von Höhe und Form des Laibes abhängig. Ein Brot ist gar, wenn man die untere Seite des Laibes abklopft und es dabei hohl klingt.

TIPS UND BACKREGELN

- ▷ Bevor Sie mit der Teigzubereitung beginnen, sollten alle Zutaten des Rezeptes abgewogen bzw. abgemessen bereitstehen.
- ▷ Grobe Zutaten wie Korinthen, Sultaninen, Zitronat, Orangeat, kandierte Früchte, Mandeln und Nüsse am Schluß in den fertigen Hefeteig einarbeiten.

1

2

3

4

5

Hefeteig mit Vorteig

1 Die aufgelöste Hefe in die Mehlmulde gießen.

2 Der aufgegangene Vorteig. Das aufgestäubte Mehl wird dabei rissig.

3 Milch, Zucker, Eier, weiches Fett und Gewürze zufügen.

4 Mit dem Teiglöffel alle Zutaten glatt und glänzend rühren.

5 Der gegangene Teig hat sein Volumen etwa verdoppelt.

Plunderteig (Hefeblätterteig)

1 Die Mitte der in drei Teile eingeteilten Teigplatte mit den Ziehfettscheiben belegen.

2 Das rechte Drittel der Teigplatte darüberschlagen.

3 Ebenfalls mit Ziehfettscheiben belegen.

4 Das linke Drittel der Teigplatte darüberschlagen.

5 Mit dem Rollholz leicht andrücken.

- ▷ Feste Teige, die geformt oder zu Gebäckstücken verarbeitet werden, nach der Fertigstellung auf einer bemehlten Arbeitsfläche so lange mit bemehlten Händen schlagen, bis der Teig griffig ist und nicht mehr hängen bleibt. Der Teig läßt sich danach gut formen.
- ▷ Hefegebäck darf nach dem Backen nicht länger im Ofen bleiben, es trocknet sonst aus und wird fest.
- ▷ Nach dem Backen Form oder Blech etwa 10 Minuten abkühlen lassen, dann den Kuchen zum Abkühlen und Ausdampfen auf ein Kuchengitter legen.
- ▷ Stellen Sie beim Backen von Brot und Brötchen eine flache Schale heißes Wasser mit in den Backofen. Der entstehende Dampf begünstigt den Gehvorgang und läßt eine knusprige Kruste entstehen.
- ▷ Bestreicht man Brötchen vor dem Backen mit einem Kuchenpinsel mit verquirlten Eigelb, bekommen sie eine schöne, goldbraune Kruste. Einkerbungen jedoch nicht mit überpinseln. Sie verkleben sonst und gehen beim Backen nicht auseinander.

Hefegebäck und Hefeteig lagern

Je nach Art des Hefeteiges kann Hefegebäck unterschiedlich lange gelagert werden.

- ▷ Leichtes Hefegebäck hält sich nur kurze Zeit frisch, danach ist es trocken und altbacken.
- ▷ Sehr fette, schwere Hefeteige können gebacken etwa 4 bis 6 Wochen, in Folie eingewickelt, an einem kühlen Ort aufbewahrt werden. Sie gewinnen durch die langsame Entfaltung ihrer Aromastoffe

Lagerdauer und Auftauzeit von tiefgefrorenem Hefeteig/Hefegebäck

Teig Gebäck	Lagerdauer	Auftauzeit bei Raumtemperatur	Besonderheiten
Hefeteig	2–3 Monate	ca. 2 Stunden	Nach dem Auftauen gehen lassen.
Hefekuchen	4–6 Monate	ca. 1½ Stunden	
Brot	4–6 Monate	–	Möglichst frisch einfrieren. Auftauzeit ist je nach Art des Brotes unterschiedlich.
Brötchen	4–6 Monate	–	Gefrorene Brötchen auf dem Rost, mittlere Einschubleiste, im 200 °C heißen Ofen 10–15 Minuten aufbacken.

an Qualität, wie zum Beispiel der Dresdener Stollen. Die eingearbeiteten Früchte und Würzzutaten geben ihr Aroma so auch an die äußeren Schichten und die Krume ab.

- ▷ Brötchen bei Raumtemperatur lagern, auf keinen Fall im Kühlschrank. Brötchen schmecken auch am nächsten Tag noch frisch, wenn sie kurz vor dem Verzehr, mit etwas Wasser bepinselt, 10 Minuten aufgebacken werden.
- ▷ Roher Hefeteig läßt sich gut einfrieren. Den Teig mit etwas mehr Zucker, als im Rezept angegeben, zubereiten und in einem Folienbeutel verpacken.
- ▷ Fertiges Hefegebäck gleich nach dem Backen, abgekühlt und ohne Glasur, einfrieren. Erst nach dem Auftauen oder Aufbacken glasieren oder mit Puderzucker bestreuen.

GLASUREN FÜR HEFEGEBÄCK

Die Glasur gibt dem fertigen Gebäck ein appetitliches Aussehen, verhindert schnelles Austrocknen und kann je nach Rezept durch aromatisierte Zutaten geschmacksbeeinflussend sein. Die gängigsten kalten Glasuren sind die Wasserglasur und die Eiweißglasur. Letztere ist sehr elastisch und daher auch gut für Kleingebäck geeignet. Schokoladenglasur kann auch aus Puderzucker hergestellt werden, wenn man keine Kuvertüre verwenden möchte.

Verschiedentlich streicht man das Gebäck vor dem Glasieren dünn mit heißer Aprikosenkonfitüre ein. Diese wird vorher mit etwas Zucker und Wasser aufgekocht und anschließend durch ein feines Sieb gestrichen. Die Glasur wird sofort mit einem Kuchenpinsel aufgetragen oder über das Gebäck gegossen und mit einem großen Messer verteilt. Kleingebäck kann auch in die Glasur eingetaucht werden.

Zu dünnflüssige Glasur trocknet schlecht, eine zu dicke Glasur läßt sich nur schlecht verteilen.

Wasserglasur

200 g gesiebter Puderzucker,
2–3 EL Wasser

Puderzucker und Wasser zu einem dickflüssigen, cremigen Brei rühren.

VARIATIONEN

Mokkaglasur: 2 TL Instantkaffee und 1 TL Nougatcreme zufügen.
Nußglasur: Das Wasser durch Nußlikör ersetzen, 30 g Rohmarzipan zufügen.
Orangenglasur: Das Wasser durch 2 TL Zitronensaft und ca. 4 TL frischen Orangensaft ersetzen.
Ingwerglasur: knapp ½ TL gemahlenen Ingwer zufügen.
Ananasglasur: Das Wasser durch 2–3 EL Ananassaft und 1 Spritzer Zitronensaft ersetzen.
Zimtglasur: Das Wasser durch 2–3 EL Dosenmilch ersetzen und ½ TL Zimtpulver zufügen.

Eiweißglasur

2 Eiweiß,
200 g Puderzucker,
1 Spritzer frischer Zitronensaft

Das Eiweiß zu schnittfestem Schnee schlagen. Mit dem gesiebten Puderzucker und Zitronensaft zu einer schaumigen Masse verrühren.

VARIATIONEN

Zitronenglasur: 2 TL Zitronensaft zufügen.
Rumglasur: 1 EL Rum zufügen.
Arrakglasur: 2 TL Arrakaroma zufügen.
Himbeerglasur: 2 TL Himbeersirup zufügen.

Schokoladenglasur

200 g Puderzucker,
50 g Kakao,
3–4 EL heiße Milch,
25 g Kokosfett

Gesiebten Puderzucker, Kakao und Milch glattrühren. Geschmolzenes Kokosfett zufügen und verrühren.

Blechkuchen

Quarkkuchen mit Äpfeln

Teig

500 g Mehl, 42 g Hefe, ca. ⅛ l Milch,
100 g Zucker, 2 Eier, 1 Prise Salz,
abgeriebene Schale von
1 unbehandelten Zitrone,
1 EL Vanillinzucker,
125 Butter oder Margarine,
Fett für das Blech

Apfelbelag

1,5 kg Äpfel, 100 g Rosinen,
Saft von 1 Zitrone

Quarkmasse

60 g Butter, 150 g Zucker, 3 Eigelb,
1 kg Magerquark, ⅛ l süße Sahne,
3 EL Milch, 3 EL Rum, 3 Eiweiß

Zum Bestreichen

1 Eigelb, mit 5 EL Milch verquirlt

Hefeteigzubereitung 1, 2 oder 3, wie auf Seite 14/16 beschrieben.
Für den Apfelbelag die Äpfel schälen, das Kernhaus entfernen und stifteln. Die Rosinen dazugeben und mit Zitronensaft beträufeln.
Für die Quarkmasse Butter, Zucker und Eigelb schaumig rühren. Den Quark durch ein Sieb streichen und mit den restlichen Zutaten, außer dem Eiweiß, in die Schaummasse einrühren. Das Eiweiß zu steifem Schnee schlagen und vorsichtig unter die Quarkmasse heben.
Auf einem gefetteten Backblech den fertigen Hefeteig gleichmäßig ausrollen. Abgedeckt an einem warmen Ort 15 Minuten gehen lassen. Den Apfelbelag auf dem Teig verteilen und die Quarkmasse gleichmäßig über die Äpfel streichen.
Mit Eimilch bepinseln und in den vorgeheizten Backofen schieben.
Mittlere Einschubleiste
Backtemperatur: 180 °C
Backdauer: 45–55 Minuten

VARIATION

Statt mit Äpfeln mit anderen Früchten, z.B. Kirschen, Pflaumen oder Aprikosen belegen.

Rhabarberkuchen mit Streuseln

Teig

500 g Mehl, 30 g Hefe, ca. ¼ l Milch,
100 g Zucker, 1 Prise Salz,
abgeriebene Schale von
1 unbehandelten Zitrone,
100 g Butter oder Margarine,
Fett für das Blech

Streusel

250 g Mehl, 50 g Speisestärke,
200 g Zucker, 1 Prise Salz,
200 g weiche Butter

Belag

1000 g küchenfertiger, in kleine Stücke geschnittener Rhabarber

Zum Bestäuben

Puderzucker

Hefeteigzubereitung 1, 2 oder 3, wie auf Seite 14/16 beschrieben.
Für die Streusel alle Zutaten gut miteinander vermengen und mit den Händen in grobe Krümel zerbröckeln.
Ein Backblech einfetten und den fertigen Hefeteig gleichmäßig darauf ausrollen. Rhabarber und Streusel gleichmäßig darauf verteilen. Den Kuchen abgedeckt an einem warmen Ort 15 Minuten gehen lassen. In den vorgeheizten Backofen schieben.
Mittlere Einschubleiste
Backtemperatur: 200 °C
Backdauer: ca. 30 Minuten
Den ausgekühlten Kuchen dick mit Puderzucker bestäuben.

Aprikosen-Streuselkuchen

Teig

375 g Mehl, 30 g Hefe, ca. ⅛ l Milch,
75 g Zucker, 1 Ei, 1 Prise Salz,
1 Prise Zimtpulver, 75 g Butter,
Fett für das Blech

Streusel

125 g Mehl, 75 g weiche Butter,
70 g Zucker, 50 g geriebene Mandeln,
1 Prise Salz

Belag

1 große Dose (825 g) Aprikosen

Hefeteigzubereitung 1, 2 oder 3, wie auf Seite 14/16 beschrieben.
Die Streuselzutaten in einer Schüssel mit den Händen vermengen, so daß sich große Krümel bilden.
Den fertigen Hefeteig, auf einem gefetteten Backblech gleichmäßig ausrollen und abgedeckt 15 Minuten gehen lassen. Die Aprikosen mit der Rundung nach oben so auf dem Teig verteilen, daß etwa ein Fingerbreit Platz zwischen den Früchten bleibt. In diese Zwischenräume die Streusel geben. Das Blech in den vorgeheizten Backofen schieben.
Mittlere Einschubleiste
Backtemperatur: 200 °C
Backdauer: 25–30 Minuten

Stachelbeerkuchen mit Grießcreme

Teig

500 g Mehl, 42 g Hefe, ca. ¼ l Milch,
80 g Zucker, 1 Prise Salz,
1 EL Vanillinzucker,
125 g Butter oder Margarine,
Fett für das Blech

Grießcreme

½ l Milch, 40 g Butter,
125 g Zucker,
Mark von ½ Vanilleschote,
80 g Grieß, 5 Eigelb, 5 Eiweiß

Belag

1 kg küchenfertige Stachelbeeren

Hefeteigzubereitung 1, 2 oder 3, wie auf Seite 14/16 beschrieben.
Für die Creme Milch, Butter, Zucker und Vanillemark aufkochen, den Grieß unter ständigem Rühren zufügen und quellen lassen. Mit den Eigelben legieren und zuletzt die zu steifem Schnee geschlagenen Eiweiß unterheben.
Den fertigen Hefeteig auf einem gefetteten Backblech gleichmäßig ausrollen. Abgedeckt 15 Minuten gehen lassen. Mit den Stachelbeeren belegen und die heiße Creme darüber verteilen. Das Blech in den vorgeheizten Backofen schieben.
Mittlere Einschubleiste
Backtemperatur: 200 °C
Backdauer: 30–40 Minuten

Heidelbeerkuchen mit Vanillegrieß

Teig

500 g Mehl, 42 g Hefe, ca. ¼ l Milch,
75 g Zucker, 1 Prise Salz,
125 Butter oder Margarine,
Fett für das Blech,
5 EL Semmelbrösel zum Bestreuen

Vanillegrieß

½ l Milch, 40 g Butter, 100 g Zucker,
2 EL Vanillinzucker, 70 g Grieß,
3 Eigelb, 4 Eiweiß

Belag

Etwa 1,5 kg küchenfertige, trockene Heidelbeeren

Zum Bestreichen

1 Eigelb, mit 2 EL Milch verquirlt

Hefeteigzubereitung 1, 2 oder 3, wie auf Seite 14/16 beschrieben.
Milch, Butter und Zucker aufkochen, unter ständigem Rühren den Grieß zufügen und ausquellen lassen. Den Topf vom Herd nehmen, mit Eigelb legieren und zuletzt das steifgeschlagene Eiweiß unterheben.
Die Fettpfanne des Backofens einfetten, den Hefeteig gleichmäßig darauf ausrollen, Semmelbrösel darüberstreuen. Abgedeckt an einem warmen Ort 15 Minuten gehen lassen.
Die Heidelbeeren auf dem Teig verteilen, den Vanillegrieß darüberlaufen lassen und glattstreichen. Mit der Eimilch bestreichen und in den vorgeheizten Backofen schieben.
Mittlere Einschubleiste
Backtemperatur: 200–225 °C
Backdauer: ca. 40 Minuten

Omas Beerenkuchen

Foto

Teig

500 g Mehl, 30 g Hefe, ca. ¼ l Milch,
100 g Zucker, 1 Ei, 1 Prise Salz,
1 EL Vanillinzucker,
abgeriebene Schale von
1 unbehandelten Zitrone,
100 g Butter oder Margarine,
Fett für das Blech,
3 EL Semmelbrösel zum Bestreuen

Belag

750 g Heidelbeeren,
750 g Johannisbeeren

Zum Bestreuen

Zucker

Hefeteigzubereitung 1, 2 oder 3, wie auf Seite 14/16 beschrieben.
Das Backblech einfetten und den fertigen Hefeteig gleichmäßig darauf ausrollen. Mit Semmelbröseln bestreuen, damit der Beerensaft nicht zu sehr in den Teigboden eindringen kann. Abgedeckt an einem warmen Ort 15 Minuten gehen lassen.
Die verlesenen, gewaschenen und gut abgetropften Beeren getrennt auf dem Teig verteilen. Den Kuchen in den vorgeheizten Ofen schieben.
Mittlere Einschubleiste
Backtemperatur: 200 °C
Backdauer: 30–40 Minuten
Den gebackenen, noch heißen Kuchen mit Zucker bestreuen.

Zwetschgendatschi

Foto

Teig

375 g Mehl, 30 g Hefe, ca. ⅛ l Milch,
75 g Zucker, 1 Prise Salz,
1 EL Vanillinzucker, 100 g Butter,
Fett für das Blech

Belag

2 kg Zwetschgen

Zum Bestreuen

Zucker, mit Zimt vermischt

Hefeteigzubereitung 1, 2 oder 3, wie auf Seite 14/16 beschrieben.
Den fertigen Hefeteig auf einem gefetteten Backblech ausrollen.

Die Zwetschgen waschen und auf einem Küchenhandtuch trocknen lassen. Entsteinen, vierteln und schuppenförmig dicht auf dem Teig verteilen. Abgedeckt 15 Minuten an einem warmen Ort gehen lassen. In den vorgeheizten Backofen schieben.
Mittlere Einschubleiste
Backtemperatur: 200 °C
Backdauer: ca. 40 Minuten
Den gebackenen, noch heißen Kuchen dick mit Zimtzucker bestreuen und auf einem Kuchengitter auskühlen lassen.

Kirschkuchen

Teig

375 g Mehl, 30 g Hefe, ca. ⅛ l Milch,
75 g Zucker, 1 Prise Salz,
1 EL Vanillinzucker,
abgeriebene Schale von
½ unbehandelten Zitrone,
100 g Butter oder Margarine,
Fett für das Blech

Belag

1,5 kg gewaschene, entsteinte und
gut abgetropfte Sauerkirschen,
100 g Mandelstifte

Zum Bestreuen

Zucker

Hefeteigzubereitung 1, 2 oder 3, wie auf Seite 14/16 beschrieben.
Auf einem gut gefetteten Backblech den fertigen Hefeteig gleichmäßig ausrollen. Abgedeckt an einem warmen Ort 15 Minuten gehen lassen.
Mit den Kirschen belegen und die Mandelstifte darüberstreuen. In den vorgeheizten Backofen schieben.
Mittlere Einschubleiste
Backtemperatur: 200 °C
Backdauer: ca. 30 Minuten
Den gebackenen, noch heißen Kuchen mit Zucker bestreuen.

VARIATION

Statt Kirschen Obst der Saison als Belag verwenden.

Apfel-Marzipan-Kuchen

Teig

500 g Mehl, 42 g Hefe,
ca. ⅛ l Milch, 75 g Zucker,
2 Eier, 1 Prise Salz,
125 g Butter oder Margarine,
Fett für das Blech

Belag

750 g geschälte, vom Kernhaus befreite
und gewürfelte Äpfel,
2 EL Zitronensaft, 4 EL Rosinen,
5 EL Aprikosenkonfitüre,
400 g Marzipanrohmasse, 1 Ei,
200 g gesiebter Puderzucker

Zum Glasieren

3 EL Aprikosenkonfitüre

Zum Bestreuen

Krokant

Hefeteigzubereitung 1, 2 oder 3, wie auf Seite 14/16 beschrieben.
Auf einem gefetteten Backblech den fertigen Hefeteig gleichmäßig ausrollen.
Für den Belag die Apfelwürfel mit Zitronensaft, Rosinen und Aprikosenkonfitüre mischen und auf dem Teig verteilen. Die Marzipanrohmasse mit einer Gabel zerdrücken, mit Ei und Puderzucker vermischen. Die Masse in einen Spritzbeutel füllen und gitterförmig auf den Apfelbelag spritzen. Den Kuchen abgedeckt an einem warmen Ort 15 Minuten gehen lassen. In den vorgeheizten Backofen schieben.
Mittlere Einschubleiste
Backtemperatur: ca. 200 °C
Backdauer: ca. 30 Minuten

Die Aprikosenkonfitüre durch ein Sieb passieren, erhitzen und mit einem Kuchenpinsel auf den heißen Kuchen streichen. Zuletzt mit Krokant bestreuen.

Eierschecke

Teig

400 g Mehl, 30 g Hefe, ca. ⅛ l Milch,
75 g Zucker, 1 Ei, 1 Prise Salz,
abgeriebene Schale von
1 unbehandelten Zitrone,
1 EL Vanillinzucker,
1 Prise Muskatblüte,
125 g Butter oder Margarine,
Fett für das Blech

Quarkcreme

6 Eigelb, 125 g Zucker,
1 EL Vanillinzucker, 3 EL Speisestärke,
250 g Sahnequark,
225 g zerlassene Butter,
150 g Korinthen,
100 g gehackte Mandeln, 6 Eiweiß

Hefeteigzubereitung 1, 2 oder 3, wie auf Seite 14/16 beschrieben.
Für die Quarkcreme Eigelb und Zukker schaumig rühren. Die Speisestärke und den Sahnequark unterrühren. Butter, Korinthen und Mandeln zufügen. Das zu steifem Schnee geschlagene Eiweiß unterheben.
Auf einem gefetteten Backblech den Hefeteig gleichmäßig ausrollen. Abgedeckt an einem warmen Ort 15 Minuten gehen lassen. Die Creme gleichmäßig auf dem Teig verteilen.
Mittlere Einschubleiste
Backtemperatur: 200 °C
Backdauer: 30–40 Minuten

Hessischer Schmandkuchen

Teig

375 g Mehl, 30 g Hefe, ca. ⅛ l Milch,
60 g Zucker, 1 Ei, 1 Prise Salz,
75 g Butter, Fett für das Blech

Guß 1

400 ml Schmand (Sahne),
Zucker nach Geschmack,
50 g Butter, Mehl

Guß 2

400 ml Schmand (Sahne),
Zucker nach Geschmack, 50 g Butter,
2 Riegel Kokosfett

Hefeteigzubereitung 1, 2 oder 3, wie auf Seite 14/16 beschrieben.
Den fertigen Hefeteig gleichmäßig auf einem gefetteten Backblech ausrollen.
Für Guß 1 Schmand und Zucker gut miteinander verrühren und auf dem Hefeteig verteilen. Kleine Butterflöckchen daraufsetzen und alles leicht mit etwas Mehl bestäuben. Abgedeckt an einem warmen Ort 15 Minuten gehen lassen. In den vorgeheizten Backofen schieben.
Mittlere Einschubleiste
Backtemperatur: 195 °C
Backdauer: ca. 25 Minuten
Während der Kuchen bäckt, Guß 2 herstellen. Dazu wieder Schmand und Zucker gut verrühren. Butter und Kokosfett erwärmen und unterrühren. Den Guß auf den heißen, gebackenen Kuchen gießen und gleichmäßig verteilen.

Käse-Plattenkuchen

Teig

375 g Mehl, 30 g Hefe, ca. ⅛ l Milch,
75 g Zucker, 1 Eigelb, 1 Prise Salz,
1 Prise Muskatblüte,
abgeriebene Schale von
½ unbehandelten Zitrone,
125 g Butter oder Margarine,
Fett für das Blech

Käsemasse

1,5 kg Schichtkäse, 6 Eier,
375 g Zucker, 1 EL Vanillinzucker,
⅛ l süße Sahne, 4 EL Milch,
1 Päckchen Vanillepuddingpulver,
1 Prise Salz,
abgeriebene Schale von
1 unbehandelten Zitrone,
125 g Korinthen

Zum Bestreichen

1 Eigelb, mit 2 EL Milch verquirlt

Hefeteigzubereitung 1, 2 oder 3, wie auf Seite 14/16 beschrieben.
Die Fettpfanne des Backofens einfetten und den fertigen Hefeteig gleichmäßig darauf ausrollen. Abgedeckt an einem warmen Ort 15 Minuten gehen lassen.
Für die Käsemasse alle Zutaten gut miteinander verrühren und gleichmäßig auf dem Teig verteilen. Mit der Eimilch bestreichen und in den vorgeheizten Backofen schieben.
Mittlere Einschubleiste
Backtemperatur: 180 °C
Backdauer: ca. 40 Minuten

Mohnkuchen schlesische Art

Teig

500 g Mehl, 42 g Hefe, ca. ¼ l Milch,
100 g Zucker, 1 Prise Salz,
abgeriebene Schale von
1 unbehandelten Zitrone,
100 g Butter oder Margarine,
Fett für das Blech

Mohnbelag

¾ l Milch, 100 g Butter, 125 g Grieß,
300 g gemahlener blauer Mohn, 2 Eier,
150 g Zucker, 1 EL Vanillinzucker,
75 g gehackte Mandeln,
100 g Korinthen,
abgeriebene Schale von
1 unbehandelten Zitrone

Zum Glasieren

Zitronenglasur, Seite 22

Hefeteigzubereitung 1, 2 oder 3, wie auf Seite 14/16 beschrieben.
Für den Mohnbelag Milch und Butter aufkochen, den Grieß unter ständigem Rühren zufügen, 8–10 Minuten quellen lassen. Die restlichen Zutaten in den heißen Grieß rühren.
¾ des fertigen Hefeteiges auf einem gefetteten Backblech ausrollen. Die heiße Mohnmasse darauf verteilen. Aus dem restlichen Teig auf bemehlter Arbeitsplatte Streifen schneiden und als Gittermuster auf dem Mohnbelag verteilen. Den Kuchen abgedeckt 15 Minuten an einem warmen Ort gehen lassen. Backen.
Mittlere Einschubleiste
Backtemperatur: 200–225 °C
Backdauer: 30–35 Minuten
Den abgekühlten Mohnkuchen mit Zitronenglasur überziehen.

Streuselkuchen nach Art des Hauses

Foto

Teig

500 g Mehl, 42 g Hefe,
ca. ¼ l Milch,
100 g Zucker, 1 Prise Salz,
abgeriebene Schale von
1 unbehandelten Zitrone,
1 EL Vanillinzucker,
150 g Butter, Fett für das Blech

Streusel

375 g Butter, 500 g Mehl,
200 g Zucker,
1 EL Vanillinzucker, 1 Prise Salz

Zum Bestäuben

Puderzucker

Hefeteigzubereitung 1, 2 oder 3, wie auf Seite 14/16 beschrieben.

Für die Streusel die zerlassene Butter, das Mehl und die übrigen Zutaten in eine Schüssel geben, verkneten und mit den Händen zerkrümeln.

Auf einem gefetteten Backblech den fertigen Hefeteig ausrollen und die Streusel gleichmäßig darauf verteilen. Den Kuchen abgedeckt an einem warmen Ort 15 Minuten gehen lassen. Das Blech in den vorgeheizten Backofen schieben.

Mittlere Einschubleiste
Backtemperatur: 200 °C
Backdauer: ca. 25 Minuten

Den Streuselkuchen auf einem Kuchengitter auskühlen lassen und dick mit Puderzucker bestäuben.

Bienenstich

Teig

500 g Mehl, 42 g Hefe, ca. ⅛ l Milch,
100 g Zucker, 1 Ei, 1 Prise Salz,
abgeriebene Schale von
1 unbehandelten Zitrone,
150 g Butter oder Margarine,
Fett für das Blech

Bienenstichmasse

200 g Mandelblätter,
100 ml süße Sahne,
125 g Zucker, 150 g Butter, 2 EL Milch

Vanillecreme

1 Päckchen Vanillepuddingpulver,
2 EL Zucker, ½ l Milch,
300 ml süße Sahne, 3 EL Sahnesteif

Hefeteigzubereitung 1, 2 oder 3, wie auf Seite 14/16 beschrieben.
Für die Bienenstichmasse Mandelblätter, Sahne, Zucker und Butter zusammen in einer Kasserolle erhitzen und unter ständigem Rühren so lange kochen lassen, bis das Ganze eine goldbraune Farbe angenommen hat. Die Kasserolle vom Herd nehmen und die Milch einrühren. Im Wasserbad etwas abkühlen lassen.
Auf einem gefetteten Backblech den fertigen Hefeteig gleichmäßig ausrollen. Die lauwarme Bienenstichmasse gleichmäßig darauf verteilen. Abgedeckt 15 Minuten an einem warmen Ort gehen lassen. In den vorgeheizten Backofen schieben.
Mittlere Einschubleiste
Backtemperatur: 175 °C
Backdauer: ca. 25 Minuten
Inzwischen für die Vanillecreme den Pudding, wie auf der Packung angegeben, mit Zucker und Milch zubereiten und abkühlen lassen. Die Sahne mit Sahnesteif schlagen und vorsichtig unter den ausgekühlten Pudding rühren.
Den gebackenen Kuchen vom Blech nehmen und auf einem Kuchengitter auskühlen lassen. In die gewünschte Stückzahl schneiden und die Teile waagerecht durchschneiden. Auf die untere Hälfte die Vanillecreme streichen, das Oberteil wieder aufsetzen.

Butterkuchen

Teig

375 g Mehl, 30 g Hefe, ca. ⅛ l Milch,
75 g Zucker,
1 Ei (kann auch weggelassen werden),
1 Prise Salz,
abgeriebene Schale von
1 unbehandelten Zitrone,
1 TL Vanillinzucker, 75 g Butter
oder Margarine, Fett für das Blech

Belag

150 g kalte Butter, 100 g Zucker,
1 EL Vanillinzucker,
100 g Mandelblätter

Hefeteigzubereitung 1, 2 oder 3, wie auf Seite 14/16 beschrieben.
Den fertigen Hefeteig auf bemehlter Arbeitsfläche mit den Händen durchwalken und auf einem gefetteten Backblech ausrollen. Mit einem Küchenhandtuch abgedeckt 15 Minuten gehen lassen.
Mit dem Daumen über die ganze Teigfläche kleine Mulden eindrükken. Die Butter in kleinen Flöckchen gleichmäßig auf dem Teig verteilen.

Zucker, Vanillinzucker und Mandeln darüberstreuen. Den Kuchen in den vorgeheizten Backofen schieben.
Mittlere Einschubleiste
Backtemperatur: 200 °C
Backdauer: ca. 20 Minuten

Bäuerlicher Streuselkuchen

Teig

375 g Mehl, 30 g Hefe, ca. ⅛ l Milch,
75 g Zucker, 1 Ei, 1 Prise Salz,
1 EL Vanillinzucker,
abgeriebene Schale von
½ unbehandelten Zitrone,
75 g Butter oder Margarine,
Fett für das Blech

Streusel

200 g Mehl, 100 g weiche Butter,
100 g Zucker, 1 Prise Salz,
1 Prise Zimtpulver

Belag

450 g Pflaumenmus

Hefeteigzubereitung 1, 2 oder 3, wie auf Seite 14/16 beschrieben.
Die Zutaten für die Streusel gut mit den Händen verkneten und in grobe Krümel zerbröckeln.
Den fertigen Hefeteig auf einem gefetteten Backblech ausrollen und abgedeckt an einem warmen Ort 15 Minuten gehen lassen.
Das Pflaumenmus gut durchrühren und gleichmäßig auf dem Teig verteilen. Die Streusel darüberstreuen. In den vorgeheizten Ofen schieben.
Mittlere Einschubleiste
Backtemperatur: 175 °C
Backdauer: 25–30 Minuten

Schinken-Käse-Kuchen

Teig

500 g Mehl, 42 g Hefe, ca. ¼ l Milch,
1 Prise Zucker, Salz,
125 g Butter oder Margarine,
Fett für das Blech

Belag

375 g in dünne Scheiben geschnittener
gekochter Schinken,
500 g in Scheiben geschnittene
Tomaten,
1 große in Streifen geschnittene
Gewürzgurke,
2 in Ringe geschnittene Zwiebeln,
frisch gemahlener Pfeffer,
Majoran,
4 EL gehackte Petersilie

Guß

1 Becher (150 g) Sahnejoghurt, 3 Eier,
1 gestrichener EL Speisestärke,
Paprikapulver edelsüß,
300 g geriebener Emmentaler

Hefeteigzubereitung 1, 2 oder 3, wie auf Seite 14/16 beschrieben.
Den fertigen Hefeteig auf einem gefetteten Backblech ausrollen.
Mit Schinken- und Tomatenscheiben, Gurkenstreifen und Zwiebelringen belegen. Mit Pfeffer und Kräutern bestreuen. Abgedeckt an einem warmen Ort 15 Minuten gehen lassen.
Für den Guß Joghurt, Eier und Speisestärke verschlagen, kräftig mit Paprika abschmecken. Den geriebenen Käse unterrühren. Den Guß über den belegten Kuchen gießen, backen.
Mittlere Einschubleiste
Backtemperatur: 200–225 °C
Backdauer: 30–40 Minuten

Speckkuchen

Teig

500 g Mehl, 30 g Hefe, ca. ¼ l Milch,
1 Prise Zucker, 1 Ei, Salz,
60 g Butter oder Margarine,
Fett für das Blech

Belag

2 Eigelb,
300 g feingewürfelter durchwachsener Speck,
2 EL Kümmel, Salz

Hefeteigzubereitung 1, 2 oder 3, wie auf Seite 14/16 beschrieben.
Den fertigen Hefeteig auf einem gefetteten Backblech ausrollen.
Das verquirlte Eigelb darauf verstreichen. Die Speckwürfel auf dem Teig verteilen und mit der Hand etwas andrücken. Mit Kümmel und Salz bestreuen. Den Kuchen abgedeckt an einem warmen Ort 15 Minuten gehen lassen. In den vorgeheizten Backofen schieben.
Mittlere Einschubleiste
Backtemperatur: 200 °C
Backdauer: 25–30 Minuten
Den Speckkuchen ofenfrisch servieren.

VARIATION

Die Speckwürfel mit etwas Fett in der Pfanne anbraten und abgekühlt in den fertigen Teig kneten. Zu Brezeln formen und backen. Kalt zu Most oder Wein reichen.

Zwiebelkuchen

Foto

Teig

500 g Mehl, 42 g Hefe, ca. ¼ l Milch,
1 TL Zucker, 1 Ei, Salz,
60 g Butter, Butter für das Blech

Belag

750 g Zwiebeln, 60 g Butter,
Pfeffer, Kümmel,
100 g gewürfelter durchwachsener Speck,
150 g alter Gouda, 1 Ei,
⅛ l süße Sahne

Hefeteigzubereitung 1, 2 oder 3, wie auf Seite 14/16 beschrieben.
Den fertigen Hefeteig auf einem gebutterten Backblech ausrollen.
Für den Belag die Zwiebeln schälen, in feine Ringe schneiden und in der Butter glasig dünsten. Die abgekühlten Zwiebeln auf dem Teig verteilen, mit Pfeffer und Kümmel würzen. Die Speckwürfel daraufgeben und mit dem geriebenen Käse bestreuen. Ei und Sahne verquirlen und darüber gießen. Den Kuchen abgedeckt an einem warmen Ort 20 Minuten gehen lassen und in den vorgeheizten Backofen schieben.
Mittlere Einschubleiste
Backtemperatur: 200 °C
Backdauer: ca. 30 Minuten

Marions Pizza

Teig

300 g Mehl, 20 g Hefe,
knapp ⅛ l Milch,
1 Prise Zucker, 1 Ei,
1 Prise Muskatblüte, Salz,
40 g Butter oder Margarine,
Fett für das Blech

Hefeteigzubereitung 1, 2 oder 3, wie auf Seite 14/16 beschrieben.
Den fertigen Hefeteig auf einem gefetteten Backblech ausrollen. In der Mitte durchschneiden und auf beide Hälften je einen Belag nach Wahl verteilen:

Tomatenbelag: 1 große Dose geschälte Tomaten abtropfen lassen, zerdrücken und auf dem Teig verteilen. 200 g gewürfelten Räucherspeck und 2 gewürfelte Zwiebeln darübergeben. Mit Pfeffer und Salz bestreuen und mit eingelegten Sardellenfilets garnieren.
Käse-Gemüse-Belag: 150 g in Scheiben geschnittenen gekochten Schinken auf dem Teig verteilen. ⅛ l süße Sahne und 3 Eier verquirlen. 300 g TK-Erbsen, 150 g geriebenen Emmentaler, 1 Bund gehackte Petersilie, Salz, Pfeffer und geriebene Muskatblüte unterrühren. Die cremige Masse über den gekochten Schinken streichen.
Zwiebel-Eier-Belag: 100 g Räucherspeck, dünn geschnitten, auf dem Teig verteilen. ¼ l saure Sahne und 2 Eier miteinander verrühren. 2 gewürfelte Zwiebeln, 100 g kleine Salamiwürfel, 50 g geriebenen Emmentaler, frische Kräuter nach Wahl, Salz und Pfeffer unterrühren. Die cremige Masse über den Räucherspeck streichen. Zum Garnieren 2 hartgekochte, in Scheiben geschnittene Eier und Zwiebelringe darauf verteilen.
Paprikabelag: 150 g rohen Schinken, dünn geschnitten, auf dem Teig verteilen. ⅛ l Milch, 1/16 l süße Sahne und 1 Ei miteinander verschlagen. 2 gewürfelte Zwiebeln, 100 g geriebenen Emmentaler, Salz, Pfeffer und Knoblauchpulver unterrühren. Die Masse über den rohen Schinken streichen. Mit 3 in Ringe geschnittenen Paprikaschoten garnieren.

Abgedeckt an einem warmen Ort 20 Minuten gehen lassen. Das Blech in den vorgeheizten Backofen schieben.
Mittlere Einschubleiste
Backtemperatur: 200 °C
Backdauer: 25–30 Minuten

Formkuchen

Mutters Mohnkuchen

Teig

750 g Mehl, 60 g Hefe,
ca. 300 ml Milch,
125 g Zucker, 1 Prise Salz,
abgeriebene Schale von
1 unbehandelten Zitrone,
1 EL Vanillinzucker,
250 g Butter oder Margarine,
Fett und Semmelbrösel für die Form

Mohnfüllung

600 g gemahlener blauer Mohn,
200 g Zucker,
1 EL Vanillinzucker,
150 g Korinthen,
250 g Butter, ¼ l Milch, 2 Eier

Zum Bestreichen

50 g zerlassene Butter

Zum Glasieren

Rum- oder Zitronenglasur, Seite 22

Hefeteigzubereitung 2 oder 3, wie auf Seite 14/16 beschrieben.

Für die Füllung Mohn, Zucker, Vanillinzucker und Korinthen in einer großen Schüssel miteinander vermengen. Butter und Milch aufkochen und darübergießen. Die Eier zufügen, alles gut miteinander verrühren und abkühlen lassen.

Den fertigen Hefeteig auf bemehlter Arbeitsfläche zu einem Rechteck ausrollen. Die Mohnfüllung gleichmäßig darauf verteilen. Die Teigplatte von der Längsseite her aufrollen und in eine große, gefettete, mit Semmelbröseln ausgestreute Kranz- oder Napfkuchenform füllen. Abgedeckt 20 Minuten an einem warmen Ort gehen lassen. In den vorgeheizten Backofen stellen.

Rost auf dem Boden, mit der Wölbung nach unten
Backtemperatur: 200 °C
Backdauer: ca. 50 Minuten

Den gebackenen Mohnkuchen noch 10 Minuten in der Form lassen, auf ein Kuchengitter stürzen und mit der flüssigen Butter bestreichen.

Abgekühlt mit Glasur überziehen.

Mehl.
Zucker.

Wiener Napfkuchen

Foto

500 g Mehl, 35 g Hefe,
⅛ l lauwarme Milch,
1 Prise Zucker,
120 g weiches Butterschmalz,
ca. 16 abgezogene Mandeln,
150 g Zucker, 5 Eier,
1 Prise Salz, ⅛ l süße Sahne,
einige Tropfen Rum und
Zitronenaroma,
80 g Rosinen, 1 EL Mehl

Das Mehl in eine Schüssel sieben und in die Mitte eine Mulde drükken. Die Hefe in etwas lauwarmer Milch mit der Prise Zucker auflösen. In die Mulde gießen, etwas Mehl darüberstäuben und abgedeckt 15 Minuten gehen lassen.

Eine Napfkuchenform mit Butterschmalz einfetten. In jede Vertiefung der Form eine Mandel geben, die übrigen in gleichmäßigen Abständen aufteilen. Das restliche Butterschmalz mit Zucker, Eiern, Salz, Sahne und restlicher Milch schaumig rühren. Die Schaummasse und den Vorteig zusammen verrühren, beide Aromen zufügen. Den Teig kräftig kneten, bis er Blasen wirft.

Die Rosinen im Mehl wälzen und in den Teig kneten. Den Teig vorsichtig in kleinen Mengen in die Form geben, damit die Mandeln nicht verrutschen. Die Form mit einem Tuch abdecken und den Teig ca. 30 Minuten gehen lassen. In den vorgeheizten Backofen stellen.

Rost auf den Boden, mit der Wölbung nach unten
Backtemperatur: 180 °C
Backdauer: ca. 90 Minuten

Erntekrone

Teig

1000 g Mehl, 60 g Hefe, ca. ¼ l Milch,
150 g Zucker, 3 Eier, 1 Prise Salz,
350 g Butter oder Margarine,
Fett für die Form

Belag

70 g zerlassene Butter,
100 g geriebene Mandeln,
150 g Zucker, abgeriebene Schale
von 1 unbehandelten Zitrone

Füllung 1

2 feingewürfelte säuerliche Äpfel,
2 EL in Rum eingeweichte Rosinen,
2 EL feingehackte Mandeln

Füllung 2

250 g gut abgetropfte saure Kirschen
aus dem Glas,
50 g feingewürfeltes Zitronat,
1 EL Vanillinzucker

Füllung 3

1 Tasse entkernte und halbierte
Weintrauben,
2 EL gehackte Haselnüsse, Zitronensaft

Füllung 4

6 Aprikosenhälften aus der Dose,
2 EL Preiselbeeren

Zum Bestäuben

Puderzucker

Hefeteigzubereitung 2 oder 3, wie auf Seite 14/16 beschrieben.
Den fertigen Hefeteig in vier gleich große Stücke aufteilen. Jedes Stück auf bemehlter Arbeitsfläche zu einem Rechteck ausrollen.
Die flüssige Butter aufstreichen, Mandeln, Zucker und Zitronenschale vermischen und auf die Teigrechtekke geben.
Für Füllung 1,2 und 3 alle Zutaten vermischen und auf jeweils ein Teigstück verteilen. Für Füllung 4 die Preiselbeeren in die Aprikosenhälften füllen und auf das letzte Teigrechteck legen. Die Rechtecke von der Längsseite her aufrollen und die Rollen übereinander in eine hohe gefettete Napfkuchenform schichten. Abgedeckt an einem warmen Ort 20 Minuten gehen lassen. In den vorgeheizten Backofen stellen.
Rost auf dem Boden, mit der Wölbung nach unten
Backtemperatur: 200 °C
Backdauer: ca. 60 Minuten
Nach dem Backen den Kuchen in der Form 10 Minuten abkühlen lassen, dann auf ein Kuchengitter stürzen und mit Puderzucker bestäuben.

Quarkstollen

Teig

42 g Hefe, ca. ⅛ l Milch,
75 g weiche Butter, 200 g Quark,
100 g Honig, 2 Eier,
100 g gewürfeltes Zitronat,
50 g gewürfeltes Orangeat,
abgeriebene Schale von
1 unbehandelten Zitrone,
je 1 Prise Muskatblüte, Kardamom
und Zimtpulver,
100 g gehackte Mandeln, 350 g Mehl,
150 g Sultaninen, Fett für die Form

Zum Bestreichen

2 Eigelb, mit 2 EL Milch verquirlt

Die Hefe in die lauwarme Milch bröckeln und unter Rühren auflösen. Die Butter und den durch ein Sieb gestrichenen Quark schaumig rühren. Honig, Eier, Zitronat, Orangeat, Zitronenschale, Gewürze und Mandeln unterrühren. Dann abwechselnd das Mehl und die Hefemilch mit der Küchenmaschine oder dem elektrischen Handrührgerät in die Masse rühren. Alles zusammen zu einem Teig verarbeiten. Zugedeckt an einem warmen Ort etwa 40 Minuten gehen lassen. Die Sultaninen einarbeiten und den Teig in eine gefettete Kastenform füllen.
Mit der Eimilch bestreichen und in den vorgeheizten Backofen stellen.
Untere Einschubleiste
Backtemperatur: 200 °C
Backdauer: ca. 50 Minuten

HINWEIS

Nach einer Ruhezeit von zwei Tagen an einem kühlen Ort läßt sich der Quarkstollen besser schneiden und hat sein ganzes Aroma entwickelt.

Rosenkuchen

Teig

375 g Mehl, 25 g Hefe, ca. ⅛ l Milch,
60 g Zucker, 1 Prise Salz,
abgeriebene Schale von
1 unbehandelten Zitrone,
125 g Butter, Butter für die Form

Füllung

50 g Butter, 100 g Zucker, 1 Eigelb,
5 EL süße Sahne, 200 g gemahlene
Haselnüsse

Hefeteigzubereitung 1, 2 oder 3, wie auf Seite 14/16 beschrieben.
Für die Füllung Butter, Zucker, Eigelb und Sahne schaumig rühren. Zuletzt die Haselnüsse unterheben.
Etwa ⅓ des fertigen Hefeteiges als dünnen Boden in eine gefettete Springform geben. Den Teigrest auf bemehlter Fläche zu einem Rechteck ausrollen und mit der Nußmasse bestreichen. Das Teigrechteck vorsichtig, von der längeren Seite her, aufrollen. Die Teigrolle in Stücke von etwa 3 Fingerbreit schneiden und mit der Schnittfläche nebeneinander auf dem Teigboden in der Springform verteilen. Den Kuchen abgedeckt an einem warmen Ort 15 Minuten gehen lassen. In den vorgeheizten Backofen stellen.
Untere Einschubleiste
Backtemperatur: 175–200 °C
Backdauer: 40–45 Minuten

VARIATION

Für die Füllung je 75 g Rosinen und Korinthen mit kochendem Wasser überbrühen und in einem Sieb gut abtropfen lassen. 150 g Rohmarzipan mit einer Gabel zerdrücken und eventuell mit etwas Dosenmilch zu einer geschmeidigen, streichfähigen Masse verrühren. Rosinen und Korinthen sowie 150 g Mandelsplitter und 50 g gewürfeltes Zitronat unterheben.
Den gebackenen, noch heißen Kuchen mit erhitzter Aprikosenkonfitüre bestreichen und nach dem Abkühlen mit Zitronenglasur, Seite 22, überziehen.

Napfkuchen altdeutsche Art Gugelhupf

Teig

500 g Mehl, 42 g Hefe, ca. ⅛ l Milch,
120 g Zucker, 180 g Butter,
1 EL Vanillinzucker, 3 Eier,
2 Eigelb, 1 Prise Salz, 50 g Korinthen,
50 g Sultaninen,
50 g gehackte Mandeln,
je 50 g gewürfeltes Orangeat und Zitronat,
1 EL Rum,
Fett und Semmelbrösel für die Form

Zum Bestäuben

Puderzucker

Hefeteigzubereitung 4, wie auf Seite 16 beschrieben.
In den fertigen Hefeteig die Trockenfrüchte, Mandeln, Orangeat und Zitronat und den Rum einarbeiten. Den Teig in eine gefettete, mit Semmelbröseln ausgestreute Gugelhupfform füllen. Mit einem Küchenhandtuch abdecken und in warmer Umgebung 20 Minuten gehen lassen. Anschließend in den vorgeheizten Backofen stellen.
Rost auf den Boden, mit der Wölbung nach unten
Backtemperatur: 190–200 °C
Backdauer: ca. 60 Minuten
Den Napfkuchen in der Form 10 Minuten abkühlen lassen, auf ein Kuchengitter stürzen und dick mit Puderzucker bestäuben.

Minibrioches »Springtime«

Foto

Teig

250 g Mehl, 20 g Hefe, 4 EL Milch,
1 EL Zucker, 2 Eier, 1 Prise Salz,
120 g Butter, 100 g Rosinen,
Butter für die Förmchen

Zum Bestreichen

1 Eigelb

Hefeteigzubereitung 1, 2 oder 3, wie auf Seite 14/16 beschrieben.
Den fertigen Hefeteig mit den Händen auf bemehlter Arbeitsfläche durchkneten und dabei die Rosinen einarbeiten. 15 tischtennisballgroße Kugeln formen und in gefettete Briocheförmchen setzen. Aus dem restlichen Teig haselnußgroße Kügelchen formen und daraufsetzen.
Die Teigkugeln mit verquirltem Eigelb bestreichen und abgedeckt an einem warmen Ort 15 Minuten gehen lassen. Die Förmchen auf ein Blech setzen und in den vorgeheizten Backofen schieben.
Mittlere Einschubleiste
Backtemperatur: 220 °C
Backdauer: ca. 20 Minuten

Kokosgugelhupf

Teig

300 g Mehl, 100 g Kokosflocken,
30 g Hefe, ca. ⅛ l Milch,
125 g Butter oder Margarine,
100 g Zucker,
3 Eigelb, 1 Prise Salz,
abgeriebene Schale von
1 unbehandelten Zitrone,
1 EL Vanillinzucker,
100 g kandierte, gehackte, in Mehl
gewälzte Kirschen,
Fett und Semmelbrösel für die Form

Zum Überziehen

50 g Kuvertüre

Zum Bestreuen

50 g Kokosflocken

Hefeteigzubereitung 4, wie auf Seite 16 beschrieben.
In den fertigen Hefeteig die Kirschen einarbeiten. Eine gut gefettete Gugelhupfform mit Semmelbröseln ausstreuen und den Teig einfüllen. Die Form abdecken und den Gugelhupf 20 Minuten an einem warmen Ort gehen lassen. In den vorgeheizten Backofen stellen.
Rost auf dem Boden, mit der Wölbung nach unten
Backtemperatur: 200 °C
Backdauer: ca. 50 Minuten
Den gebackenen Kuchen noch 10 Minuten in der Form lassen, auf ein Kuchengitter stürzen und auskühlen lassen.
Die Kuvertüre bei milder Wärmezufuhr schmelzen und den Gugelhupf damit überziehen. Zuletzt mit den Kokosflocken bestreuen.

Honig-Streuselkuchen

Teig

400 g Mehl, 30 g Hefe, ca. ⅛ l Milch,
1 TL Zucker, 1 Ei, 1 Prise Salz,
100 g Honig, 60 g Butter,
Butter und Semmelbrösel für die Form

Streusel

60 g in Würfel geschnittenes, frisches Weißbrot,
3 EL brauner Zucker,
75 g weiche Butter, 1 Prise Salz,
Zimtpulver

Hefeteigzubereitung 2, wie auf Seite 14 beschrieben (die Gehzeit verdoppeln).
Mit dem fertigen Hefeteig eine gefettete, mit Semmelbrösel ausgestreute Springform auslegen.
Die Streuselzutaten gut miteinander vermengen, mit den Händen zerkrümeln und auf dem Teig verteilen. Den Kuchen abgedeckt an einem warmen Ort 20 Minuten gehen lassen. In den vorgeheizten Backofen stellen.
Untere Einschubleiste
Backtemperatur: 180–195 °C
Backdauer: 35–45 Minuten

Apfel-Wickelkuchen

Teig

375 g Mehl, 30 g Hefe, ca. ¼ l Milch,
60 g Zucker, 1 Prise Salz,
75 g Butter oder Margarine,
Fett für die Form

Apfelfüllung

500 g dünn gehobelte Apfelscheiben,
100 g Zucker, ½ EL Zimtpulver,
1 EL Mandelsplitter, 75 g gewaschene und abgetropfte Rosinen

Zum Betreichen

50 g zerlassene Butter

Zum Glasieren

Zitronenglasur, Seite 22

Hefeteigzubereitung 1, 2 oder 3, wie auf Seite 14/16 beschrieben.
Den fertigen Hefeteig auf einer bemehlten Arbeitsplatte kräftig mit der Hand durchkneten und zu einem Rechteck ausrollen.
Darauf die gut vermischten Zutaten der Apfelfüllung verteilen. Die belegte Teigplatte vorsichtig von der Längsseite her aufrollen und in eine gefettete Kastenform legen. Mit einem Küchenhandtuch abdecken und an einem warmen Ort 20 Minuten gehen lassen.
Mit der flüssigen Butter bestreichen und backen.
Untere Einschubleiste
Backtemperatur: 185–200 °C
Backdauer: ca. 50 Minuten
Den gebackenen Kuchen noch 10 Minuten in der Form lassen, auf ein Kuchengitter stürzen und mit Zitronenglasur überzeihen.

Panettone

Teig

300 g Mehl, 30 g Hefe, 80 g Zucker,
4 Eigelb, 1 Prise Salz, 150 g Butter,
je 50 g gewürfeltes Orangeat und Zitronat,
50 g kandierte Kirschen,
150 g Rosinen, Fett für die Form

Zum Bestreichen

3 EL zerlassene Butter

Hefeteigzubereitung 2 oder 3, wie auf Seite 14/16 beschrieben.
Orangeat, Zitronat, feinzerschnittene Kirschen und Rosinen mit bemehlten Händen auf bemehlter Arbeitsfläche in den fertigen Hefeteig einkneten. In eine runde, hohe, gut gefettete Panettoneform füllen und abgedeckt ca. 15 Minuten an einem warmen Ort gehen lassen. In den vorgeheizten Backofen stellen.
Nach halber Backdauer den Kuchen mit der flüssigen Butter bestreichen.
Rost auf dem Boden, mit der Wölbung nach unten
Backtemperatur: 220 °C
Backdauer: ca. 60 Minuten
Die Panettone auf ein Kuchengitter stürzen und zwei Tage ruhen lassen.

Torte mit Herz

Fotos

Teig

180 g Weizenmehl,
180 g Roggenmehl,
30 g Hefe,
⅛–¼ l Milch,
1 TL Salz,
60 g Butter,
Butter für die Form

Füllung 1

300 g gemischtes Hackfleisch,
1 Ei,
1 Zwiebel,
1 altbackenes Brötchen,
Milch, 125 g mittelalter Gouda,
2 eingelegte Paprikaschoten,
Salz,
Pfeffer,
Paprikapulver edelsüß

Füllung 2

2 Packungen TK-Blattspinat à 300 g,
50 g durchwachsener Speck,
1 Zwiebel,
1 TL Butter,
50 g alter Gouda,
Salz,
Pfeffer,
Knoblauch

Zum Bestreichen

1 Eigelb

Hefeteigzubereitung 2, wie auf Seite 14 beschrieben.
Für Füllung 1 Hackfleisch, Ei, feingehackte Zwiebel, das in Milch eingeweichte und gut ausgedrückte Brötchen sowie den frisch geriebenen Käse vermengen. Die würfelig geschnittenen Paprikaschoten zufügen, mit Salz, Pfeffer und Paprika kräftig würzen.
Für Füllung 2 den Blattspinat in sehr wenig Salzwasser geben, erhitzen und kurz garen. Den Speck fein würfeln, die Zwiebel schälen und fein hacken. In der Butter den Speck ausbraten, die Zwiebel zufügen und weich dünsten. Mit dem abgetropften Spinat vermischen. Mit frisch ge-

riebenem Käse, Salz, Pfeffer und Knoblauch gut würzen.
Den fertigen Hefeteig auf bemehlter Arbeitsplatte ausrollen. Mit der Hälfte des Teiges den Boden und den Rand einer gebutterten Springform (26 cm Durchmesser) auskleiden. Den Teigboden mit einer Gabel mehrmals einstechen. Die Hälfte der Hackfleischmasse einfüllen und glattstreichen. Die Spinatfüllung darübergeben, mit der restlichen Fleischmasse abdecken. Den übrigen Teig als Decke auflegen und die mit Eigelb bestrichenen Ränder gut festdrükken. Aus den Teigresten kleine Herzen ausstechen und die Torte damit verzieren. In der Mitte der Teigdecke eine kleine Öffnung ausstechen, damit der Dampf entweichen kann.
Die Torte mit verquirltem Eigelb bestreichen und in den vorgeheizten Backofen stellen.
Untere Einschubleiste
Backtemperatur: 200 °C
Backdauer: 35–40 Minuten

Böhmer Bauernkuchen

Teig

400 g Mehl, 30 g Hefe, ca. ¼ l Milch,
100 g Butter, 140 g Zucker, 3 Eigelb,
1 Prise Salz, Fett für die Form

Füllung

30 g Butter, 100 g Zucker, 2 Eigelb,
150 g geriebene Nüsse, 2 Eiweiß

Zum Bestreichen

1 verquirltes Eigelb

Zum Glasieren

Schokoladenglasur, Seite 22

Hefeteigzubereitung 4, wie auf Seite 16 beschrieben.
Für die Füllung Butter, Zucker und Eigelb schaumig schlagen. Die Nüsse unterziehen, zuletzt das steifgeschlagene Eiweiß unterheben. Den fertigen Hefeteig mit den Händen auf bemehlter Arbeitsplatte durchwalken und zu einem Rechteck von 35 cm Seitenlänge ausrollen. Mit der Füllung bestreichen und von der Längsseite her aufrollen. Die Rolle in eine gut gefettete Kastenform legen und abgedeckt an einem warmen Ort 15 Minuten ruhen lassen.
Mit Eigelb bestreichen und in den vorgeheizten Backofen stellen.
Rost auf den Boden, mit der Wölbung nach unten
Backtemperatur: 175–200 °C
Backdauer: 40–50 Minuten
Den abgekühlten Bauernkuchen mit Schokoladenglasur überziehen.

Karlsbader Kuchen

Teig

250 g Mehl, 15 g Hefe,
¹⁄₁₀ l süße Sahne,
125 g Butter, 40 g Zucker, 2 Eigelb,
1 Prise Salz, 1 Prise Muskatblüte

Belag

250 g Konfitüre nach Wahl,
2 Eiweiß, 1 EL Puderzucker

Hefeteigzubereitung 4, wie auf Seite 16 beschrieben.
In kleine, runde Papierförmchen mit ca. 5 cm Durchmesser je 1 EL fertigen Hefeteig setzen. Die Häufchen in der Mitte etwas eindrücken.
In die Vertiefung die Marmelade füllen. Die Förmchen auf ein Backblech stellen und abgedeckt an einem warmen Ort 15 Minuten gehen lassen. Das Blech in den vorgeheizten Backofen schieben. Nach der halben Backzeit das zu steifem Schnee geschlagene und mit Puderzucker gesüßte Eiweiß auf die Karlsbader Kuchen verteilen und fertigbacken.
Mittlere Einschubleiste
Backtemperatur: 175 °C
Backdauer: 20–30 Minuten

Kärntner Vollkornbuchteln

Teig

500 g Weizenvollkornmehl, 42 g Hefe,
300 ml Milch, 8 TL Honig, 3 Eigelb,
1 Prise Salz,
abgeriebene Schale von
1 unbehandelten Zitrone,
125 g Butter, Butter für die Form

Zum Bestreichen

50 g zerlassene Butter

Zum Bestäuben

Puderzucker

Hefeteigzubereitung 2, wie auf Seite 14 beschrieben.
Den fertigen Hefeteig auf bemehlter Arbeitsplatte gut durchkneten und daraus etwa apfelgroße Kugeln formen, die in eine gefettete Springform dicht aneinander gesetzt werden.
Die Teigoberfläche mit der flüssigen Butter bestreichen. Die Form mit einem Tuch abdecken und den Teig abgedeckt an einem warmen Ort 50 Minuten ruhen lassen. In den vorgeheizten Backofen stellen.
Untere Einschubleiste
Backtemperatur: 200 °C
Backdauer: ca. 30 Minuten
Die heißen Buchteln dick mit Puderzucker bestäuben und mit Kompott nach Wahl servieren.

Haushofmeister-Torte

Teig

500 g Mehl, 42 g Hefe, ca. ¼ l Milch,
80 g Zucker, 1 Ei, 1 Prise Salz,
1 EL Vanillinzucker, 75 g Butter,
Butter für die Form

Füllung

2 Päckchen Karamel-Puddingpulver,
1 l Milch, 75 g Zucker

Hefeteigzubereitung 1, 2 oder 3, wie auf Seite 14/16 beschrieben.
Das Puddingpulver mit 10 EL Milch anrühren. Die restliche Milch mit dem Zucker aufkochen, vom Herd nehmen, das angerührte Puddingpulver zufügen und noch einmal aufkochen lassen. Während des Erkaltens ab und zu durchrühren, um eine Hautbildung zu vermeiden.
Etwa ⅔ des fertigen Hefeteiges ausrollen und eine gefettete Springform damit auslegen. Den abgekühlten Pudding gleichmäßig auf dem Teigboden verstreichen. Aus dem restlichen Teig eine entsprechende Teigplatte als Decke ausrollen und auf die Füllung legen. Die Teigplatte einige Male mit einer Gabel einstechen. Die Torte abgedeckt an einem warmen Ort 15 Minuten gehen lassen, anschließend backen.
Untere Einschubleiste
Backtemperatur: 200–220 °C
Backdauer: ca. 20 Minuten

VARIATION

Zur Verfeinerung die fertige Torte mit 100 g Schokolade und 25 g Kokosfett, beides zusammen bei milder Hitze geschmolzen, bestreichen.

Teplitzer Kaffeekuchen

400 g Mehl, 30 g Hefe,
2 EL süße Sahne,
130 g Butter, 140 g Zucker,
5 Eigelb, 100 g Rosinen,
Butter für die Form

Hefeteigzubereitung 4, wie auf Seite 16 beschrieben.
In den fertigen Hefeteig die Rosinen einarbeiten. Den Teig in eine gefettete Kastenform füllen und abgedeckt an einem warmen Ort 20 Minuten gehen lassen. In den vorgeheizten Backofen stellen.
Untere Einschubleiste
Backtemperatur: 200 °C
Backdauer: ca. 40 Minuten

Vollkorn-Rosettentorte

Teig
42 g Hefe, ca. ⅛ l lauwarme Milch,
100 g weiche Butter, 100 g Honig,
3 Eigelb,
abgeriebene Schale von
1 unbehandelten Zitrone,
500 g Weizenvollkornmehl,
Butter für die Form

Füllung
50 g Korinthen,
2 EL Rum, ⅛ l Milch,
60 g Butter, 200 g Honig,
300 g gemahlener blauer Mohn,
100 g geriebene süße Mandeln,
1–2 Tropfen Bittermandelöl,
30 g Orangeat,
25 g Vollkorngrieß,
½ TL Zimtpulver,
2 Eiweiß

Die Hefe in der Milch auflösen und verquirlen. Butter, Honig und Eigelb schaumig rühren, die Zitronenschale zufügen. Abwechselnd die aufgelöste Hefe und das Mehl unter die Schaummasse rühren. Den Teig kräftig durchkneten. Er kann anfangs noch recht dünn sein, denn das Vollkornmehl benötigt eine gewisse Zeit zum Quellen. Zugedeckt an einem kühlen Ort gehen und quellen lassen, dann nochmals kurz durchkneten.
Für die Füllung die Korinthen mit dem Rum übergießen und ziehen lassen. Milch, Butter und Honig aufkochen, den Mohn unter Rühren hineinschütten. Die Masse vom Herd nehmen, Mandeln, Bittermandelöl, Orangeat, die Korinthen, Grieß und Zimt zufügen. Die beiden Eiweiß zu steifem Schnee schlagen und unter die abgekühlte Füllung ziehen.
Den Teig auf bemehlter Arbeitsplatte rechteckig ausrollen und mit der Füllung gleichmäßig bestreichen. Vorsichtig von der Längsseite her aufrollen, die Rolle in 3–4 cm breite Scheiben schneiden, die mit der Schnittseite nach oben in eine gefettete Springform gelegt werden. Abgedeckt an einem warmen Ort 20 Minuten gehen lassen. In den vorgeheizten Backofen geben und auf den Boden ein Gefäß mit kaltem Wasser stellen.
Untere Einschubleiste
Backtemperatur: 200 °C
Backdauer: ca. 40 Minuten

Pizza Napolitana

Foto

Teig

150 g Mehl, 15 g Hefe,
knapp ⅛ l Milch,
1 TL Zucker, 1 Prise Salz,
2 EL Öl, Fett für die Form

Belag

400 g in Scheiben geschnittene Tomaten,
300 g in Streifen geschnittener Vollfettkäse nach Wahl,
10 Sardellenfilets,
15 grüne Oliven, 3 EL Öl, Origano

Hefeteigzubereitung 1, 2 oder 3, wie auf Seite 14/16 beschrieben.

Eine gefettete Pizzaform mit dem fertigen Hefeteig auslegen. An einem warmen Ort 15 Minuten gehen lassen.

Den Teig mit den Tomatenscheiben und dem Käse belegen. Mit Sardellenfilets und Oliven garnieren, mit Öl beträufeln und Origano darüberstreuen. Die Pizza in den vorgeheizten Backofen stellen.

Untere Einschubleiste
Backtemperatur: 200 °C
Backdauer: ca. 25 Minuten

Bienenstichtorte

Teig

250 g Mehl, 20 g Hefe,
ca. ⅛ l Milch,
40 g Zucker, 1 Prise Salz,
50 g Butter oder Margarine,
Fett für die Form

Bienenstichmasse

50 g Butter, 75 g Zucker, 1 EL Honig,
75 g Mandelblätter, 1 EL Dosenmilch

Füllung

¼ l Milch, 3 EL Speisestärke,
50 g Zucker, 1 EL Vanillinzucker,
75 g Butter oder Margarine

Hefeteigzubereitung 1, 2 oder 3, wie auf Seite 14/16 beschrieben.
Für die Bienenstichmasse Butter, Zucker und Honig in einer Kasserolle erwärmen. Mandelblätter und Dosenmilch unterrühren. Einmal aufkochen und abkühlen lassen.
Den fertigen Hefeteig ausrollen und eine gefettete Springform damit auslegen. Die abgekühlte Bienenstichmasse auf dem Teigboden verteilen. Die Form abdecken und den Teig an einem warmen Ort 15 Minuten gehen lassen. In den vorgeheizten Backofen schieben.
Untere Einschubleiste
Backtemperatur: 200 °C
Backdauer: ca. 25 Minuten
Nach dem Abkühlen mit einem Sägemesser in der Mitte waagerecht durchschneiden. Für die Füllung in einer Tasse mit Milch die Speisestärke anrühren. Die restliche Milch mit Zucker und Vanillinzucker aufkochen lassen. Den Topf vom Herd nehmen, die gelöste Speisestärke unterrühren, wieder auf die Hitze geben und alles noch einmal kurz aufwallen lassen. Den Topf vom Herd nehmen und mit einem Schneebesen das Fett unterschlagen. Die Füllung in einem Wasserbad unter Rühren abkühlen lassen. Die erkaltete Füllung auf den unteren Teil des Tortenbodens verteilen und den oberen Teil aufsetzen. Die Torte bis zum Servieren kühl aufbewahren.

Sauerkrautkuchen

Teig

250 g Mehl, 15 g Hefe,
knapp ⅛ l Milch,
1 Prise Zucker, Salz,
50 g Butter oder Margarine,
Fett für die Form

Belag

200 g gewürfelter Schinkenspeck,
1 EL Margarine,
2 feingehackte Zwiebeln,
1 große Dose (825 g) Sauerkraut,
1 großer, gewürfelter Apfel,
3 mittelgroße, rohe, geriebene Kartoffeln,
1 zerdrückte Knoblauchzehe,
1 TL Zucker, 1 TL Kümmel,
4 Wacholderbeeren,
Paprikapulver edelsüß, Pfeffer,
Salz, 30 g Butterflöckchen

Hefeteigzubereitung 1, 2 oder 3, wie auf Seite 14/16 beschrieben.
Eine gefettete Springform mit dem fertigen Hefeteig auslegen. Abgedeckt an einem warmen Ort 15 Minuten gehen lassen.

Für den Belag den Schinkenspeck in der Margarine anbraten, die Zwiebeln zufügen und glasig werden lassen. Das Sauerkraut gut abgetropft mit dem Apfel und den Kartoffeln vermengen, zufügen und alles gut ankochen. Mit Knoblauch, Zucker und Gewürzen kräftig abschmecken.
Den Belag auf dem Teigboden verteilen, mit Butterflöckchen besetzen und den Kuchen in den vorgeheizten Backofen stellen.
Untere Einschubleiste
Backtemperatur: 200 °C
Backdauer: ca. 30 Minuten
Den Sauerkrautkuchen heiß servieren.

Pikante Partytorte

Teig

375 g Mehl, 25 g Hefe, ca. ¼ l Milch,
1 TL Zucker, Salz, 1 EL Öl,
Fett für die Form

Füllung 1

75 g Mayonnaise,
2 in kleine Stücke geschnittene
Bismarckheringe,
1 feingewürfelter Apfel,
1 Prise Zucker, 1 TL Zitronensaft

Füllung 2

75 g Mayonnaise,
2 hartgekochte, feingekackte Eier,
1 feingewürfelte Gewürzgurke,
1 EL Kapern, 2 EL Tomatenmark,
2 EL gehackte Küchenkräuter
nach Wahl,
Paprikapulver edelsüß,
1 Prise Zucker

Belag

50 g Mayonnaise, 1 Gewürzgurke,
1 hartgekochtes Ei, schwarze Oliven,
gehackte Petersilie, 1 Bismarckhering

Hefeteigzubereitung 1, 2 oder 3, wie auf Seite 14/16 beschrieben.
Den fertigen Hefeteig in eine gefettete Springform geben und abgedeckt an einem warmen Ort 15 Minuten gehen lassen. In den vorgeheizten Backofen stellen.
Untere Einschubleiste
Backtemperatur: 200 °C
Backdauer: ca. 20 Minuten
Den abgekühlten Tortenboden mit einem Sägemesser zweimal waagerecht durchschneiden.
Für die beiden Füllungen die Mayonnaise jeweils mit den anderen Zutaten vermengen. Auf je einem Boden verteilen und alle drei Böden zusammensetzen. Die Torte mit Mayonnaise bestreichen und mit den anderen Belagzutaten verzieren.

Baltische Gutsherrentorte

Teig

250 g Mehl, 15 g Hefe,
knapp ⅛ l Milch,
1 TL Zucker, Salz,
3 EL gehackte Küchenkräuter,
125 g Butter,
Butter für die Form

Füllung

250 g geräucherte
Schinkenspeckwürfel,
250 g feingewürfelte Zwiebeln,
200 g Gouda-Würfel

Zum Bestreichen

Dosenmilch

Zum Bestreuen

Kümmel, grobes Salz

Hefeteigzubereitung 2 oder 3, wie auf Seite 14/16 beschrieben.
Mit etwa ⅔ des fertigen Hefeteiges eine gut gefettete Springform auslegen.
Die Schinkenspeckwürfel auslassen, die Zwiebelwürfel darin andünsten und auf den Tortenboden geben. Die Käsewürfel darüber verteilen. Aus dem restlichen Teig, auf bemehlter Arbeitsfläche, eine Decke ausrollen und auf die Füllung legen. Die Torte in den vorgeheizten Backofen schieben.
10 Minuten vor Ende der Backzeit die Tortendecke mit Dosenmilch bestreichen und Kümmel und Salz darüberstreuen.
Untere Einschubleiste
Backtemperatur: 200–225 °C
Backdauer: ca. 30 Minuten

Handgeformtes Gebäck

Hefestrudel Josepha

Teig

350 g Mehl,
20 g Hefe,
ca. ⅛ l Milch,
100 g Butter,
80 g Zucker, 1 Ei,
1 Prise Salz,
Fett für das Blech

Quarkfüllung

500 g Magerquark,
3 Eier,
100 g Zucker,
1 EL Vanillinzucker,
abgeriebene Schale von
½ unbehandelten Zitrone,
50 g Korinthen,
Milch (bei Bedarf)

Zum Bestreichen

50 g zerlassene Butter

Hefeteigzubereitung 4, wie auf Seite 16 beschrieben (jedoch ohne Ruhezeit).

Für die Füllung den Quark durch ein Sieb streichen und mit den Eiern verschlagen. Die restlichen Zutaten unterrühren. Wenn die Streichfähigkeit nicht ausreicht, die Quarkmasse mit etwas Milch verdünnen.

Den fertigen Hefeteig auf einem gefetteten Backblech ausrollen und in drei Streifen einteilen (nicht durchschneiden!). Auf dem mittleren Streifen die Füllung verteilen, die Seitenstreifen nacheinander darüberschlagen. Den Strudel 20 Minuten abgedeckt gehen lassen.

Mit der flüssigen Butter bestreichen und in den vorgeheizten Backofen schieben.

Mittlere Einschubleiste
Backtemperatur: ca. 180 °C
Backdauer: ca. 40 Minuten

VARIATION

Den Strudel statt mit Quark mit 500 g Pflaumenmus (Powidl), das mit Zimt abgeschmeckt wird, füllen.

Schneller Hefezopf

Teig

750 g Mehl, 25 g Hefe,
ca. 450 ml Milch,
100 g Zucker, 1 Prise Salz,
Fett für das Blech

Zum Bestreichen

1 Eiweiß, 1 Eigelb

Zum Glasieren

je 1 Päckchen Kuchenglasur hell und dunkel

Hefeteigzubereitung 1, wie auf Seite 14 beschrieben.

Den fertigen Hefeteig mit den Händen auf bemehlter Arbeitsfläche durchwalken und in drei Teile teilen. Aus jedem Stück einen etwa 60 cm langen Teigstrang rollen. Die drei Rollen zu einem Zopf verflechten. Die Zopfenden mit Eiweiß bestreichen und zur Rundung schließen. Das Eigelb verquirlen und den Zopf damit bestreichen. Auf ein gefettetes Backblech legen und abgedeckt 20 Minuten an einem warmen Ort gehen lassen. In den vorgeheizten Backofen schieben.

Mittlere Einschubleiste
Backtemperatur: 200 °C
Backdauer: ca. 40 Minuten

Die helle und die dunkle Kuchenglasur nach Packungsanweisung erwärmen. Nacheinander beide Glasuren in zarten Streifen über den abgekühlten Zopf gießen.

Gefüllter Hefekranz

Teig

500 g Mehl, 42 g Hefe,
ca. ⅛ l Milch, 75 g Zucker,
2 Eier, 1 Prise Salz,
150 g Butter oder Margarine,
Fett für das Blech

Füllung

200 g Rohmarzipan, Schale und Saft von 1 unbehandelten Zitrone,
2 EL Rum, 1 Ei,
½ TL gemahlene Pimentkörner,
100 g gemahlener blauer Mohn,
100 g Zitronatwürfel,
150 g gewaschene Rosinen

Zum Bestreichen

1 Eigelb, mit 4 EL Milch verquirlt

Zum Bestreuen

4 EL Mohn,
2 EL Zitronatwürfel

Hefeteigzubereitung 1, 2 oder 3, wie auf Seite 14/16 beschrieben.

Für die Füllung das Marzipan mit abgeriebener Zitronenschale, Zitronensaft, Rum und dem Ei glattrühren. Piment, Mohn, Zitronat und Rosinen zugeben.

Den fertigen Hefeteig mit den Händen durchwalken und auf bemehlter Arbeitsfläche zu einem Rechteck ausrollen. Die Füllung gleichmäßig darauf verteilen. Den Teig aufrollen, zu einem Kranz formen und auf ein gefettetes Backblech legen. Die beiden Enden sorgfältig zusammendrücken. Den Kranz abgedeckt an einem warmen Ort 20 Minuten gehen lassen.

Mit der Eimilch bestreichen und mit Mohn und Zitronat bestreuen. In den vorgeheizten Backofen schieben.
Mittlere Einschubleiste
Backtemperatur: 175 °C
Backdauer: 30–40 Minuten

Nußrolle

Teig

375 g Mehl, 30 g Hefe,
ca. ⅛ l Milch, 60 g Zucker,
1 Eigelb, 1 Prise Salz,
1 TL Vanillinzucker,
225 g Butter oder Margarine,
Fett für das Blech

Füllung

3 Eiweiß, 75 g Zucker,
1 EL Instantkaffee,
200 g geriebene Haselnüsse

Hefeteigzubereitung 3, wie auf Seite 16 beschrieben.
Für die Füllung das Eiweiß mit etwas Zucker zu festem Schnee schlagen. Die restlichen Zutaten vorsichtig unterheben.
Den fertigen Hefeteig auf bemehlter Arbeitsfläche zu einem Rechteck ausrollen und gleichmäßig mit der Füllung bestreichen. Von der Längsseite her aufrollen. Die Rolle auf ein gefettetes Backblech legen, abdekken und in warmer Umgebung ca. 20 Minuten gehen lassen. Das Blech in den vorgeheizten Backofen schieben.
Mittlere Einschubleiste
Backtemperatur: 200 °C
Backdauer: ca. 40 Minuten

Fürstliche Pflaumenkuverts

Teig

500 g Mehl, 42 g Hefe, ca. ⅛ l Milch,
75 g Zucker, 2 Eier, 1 Prise Salz,
75 g Butter, Fett für das Blech

Ziehfett

225 g kalte Butter

Füllung

200 g Pflaumenmus, 3 EL süße Sahne,
200 g Rohmarzipan,
50 g gehackte Mandeln

Zum Bestreichen

1 Eigelb, mit 3 EL süßer Sahne verquirlt,
5 EL Aprikosenkonfitüre

Hefeteigzubereitung 5, wie auf Seite 16 beschrieben.
Für die Füllung Pflaumenmus und Sahne miteinander verrühren. Das Rohmarzipan mit einer Gabel zerdrücken und mit dem Pflaumenmus und den Mandeln zu einer glatten Masse verrühren.
Den fertigen Plunderteig auf bemehlter Arbeitsfläche etwa 1 cm dick ausrollen und 12 cm große Quadrate ausschneiden. In die Mitte jedes Quadrats etwas Füllung geben, die Teigecken zur Mitte hin überklappen. Die Kuverts auf ein gefettetes Backblech legen.
Mit verquirltem Eigelb bestreichen und backen.
Mittlere Einschubleiste
Backtemperatur: 200 °C
Backdauer: ca. 15 Minuten
Die heißen Kuverts mit der erhitzten, durch ein Sieb gestrichenen Aprikosenkonfitüre bestreichen.

Osterkranz

Foto

Teig

500 g Mehl, 42 g Hefe,
ca. ¼ l Milch, 100 g Zucker,
1 Eigelb, 1 Prise Salz,
100 g Butter, Fett für das Blech

Zum Bestreichen

1 Eigelb, mit 3 EL Milch verquirlt

Hefeteigzubereitung 1, 2 oder 3, wie auf Seite 14/16 beschrieben.
Den fertigen Hefeteig auf bemehlter Arbeitsfläche mit den Händen durchwalken und zwei dicke Stränge daraus formen. Die Stränge zu einem Zopf verflechten und die Enden zu einem Kranz zusammenfügen. Auf ein gefettetes Backblech legen und abgedeckt an einem warmen Ort 15 Minuten gehen lassen.
Mit der Eimilch bestreichen und in den vorgeheizten Backofen schieben.
Mittlere Einschubleiste
Backtemperatur: 200 °C
Backdauer: ca. 35 Minuten

VARIATION

Für kleine Osternester den Hefeteig zu dünnen Strängen formen, aus jeweils drei Strängen einen Zopf flechten und zum Kranz schließen. Die Backdauer beträgt dann nur 20 Minuten.

Schokoladenkranz

Foto

Teig

500 g Mehl, 42 g Hefe, ca. ⅛ l Milch,
125 g Zucker, 2 Eigelb, 1 Prise Salz,
abgeriebene Zitronenschale,
125 g Butter oder Margarine,
Fett für das Blech

Füllung

150 g Halbbitter-Kuvertüre,
50 g Butter,
100 g gehackte Haselnüsse,
100 g gemahlene Haselnüsse,
100 g Rumrosinen

Zum Verzieren

100 g Halbbitter-Kuvertüre,
50 g kandierte Walnußstücke

Hefeteigzubereitung 1, 2 oder 3, wie auf Seite 14/16 beschrieben.

Für die Füllung die Kuvertüre bei milder Temperatur schmelzen. Sobald sie gelöst ist, die Butter zufügen, verrühren und die restlichen Zutaten untermischen.

Den fertigen Hefeteig auf bemehlter Arbeitsfläche zu einem Rechteck ausrollen und gleichmäßig mit der Füllung bestreichen. Von der Längsseite her aufrollen und einen Kranz formen. Den Kranz auf ein gefettetes Backblech setzen und rundum fingerbreit einschneiden. Abgedeckt an einem warmen Ort 20 Minuten gehen lassen. Das Blech in den vorgeheizten Backofen schieben.

Mittlere Einschubleiste
Backtemperatur: 180–200 °C
Backdauer: ca. 40 Minuten

Den Kranz auskühlen lassen, mit der aufgelösten Kuvertüre und den Walnußstücken dekorieren.

Dresdener Butterstollen

Teig

1000 g Mehl, 70 g Hefe,
ca. ½ l Milch, 200 g Zucker,
abgeriebene Schale von
1 unbehandelten Zitrone,
1 EL Vanillinzucker,
je 1 Prise Zimtpulver,
Kardamom und Muskatblüte,
3 Tropfen Bittermandelöl,
350 g gesalzene Butter,
50 g Gänseschmalz,
50 g Rindernierenfett
oder Schweineschmalz,
150 g gehackte Mandeln,
250 g Rosinen, 150 g Korinthen,
150 g gewürfeltes Zitronat,
50 g gewürfeltes Orangeat,
Fett für das Blech

Zum Bestreichen

150 g Butter

Zum Bestreuen

100 g grober Zucker, mit
1 EL Vanillinzucker vermischt,
100 g Puderzucker

Hefeteigzubereitung 2 oder 3, wie auf Seite 14/16 beschrieben (jedoch bei Zubereitung 2 verlängerte Ruhezeit von 1 Stunde).
Den fertigen Hefeteig auf bemehlter Arbeitsfläche mit der Hand durchwalken, dabei Mandeln, Rosinen, Korinthen, Zitronat und Orangeat unterkneten. Aus dem Teig einen Stollen formen und auf ein gefettetes Backblech legen. Abgedeckt an einem warmen Ort 40 Minuten gehen lassen. In den vorgeheizten Backofen schieben.

Mittlere Einschubleiste
Backtemperatur: 200 °C
Backdauer: ca. 80 Minuten
Den Stollen noch heiß mit Butter bestreichen und erst mit grobem Zukker, dann mit Puderzucker bestreuen.

VARIATION

Rheinischer Marzipanstollen: Für die Füllung 400 g Rohmarzipan mit der Gabel zerdrücken, 200 g gesiebten Puderzucker und 2 cl Rum zufügen. Alles zu einer glatten Masse verkneten und 150 g gewürfeltes Zitronat einarbeiten. Den fertigen Hefeteig auf bemehlter Arbeitsfläche zu einem flachen Laib formen. In die Mitte der Länge nach die Marzipanfüllung drücken und den Teig zum Stollen formen. Die Backzeit verkürzt sich um 10 Minuten.

HINWEIS

Backen Sie Ihren Stollen möglichst vier Wochen vor Weihnachten und bewahren Sie ihn, gut in Folie verpackt, an einem kühlen, trockenen Ort auf.

Plunderstollen

Teig

500 g Mehl, 42 g Hefe,
ca. ¼ l Milch, 75 g Zucker,
1 Ei, 1 Prise Salz,
75 g Butter oder Margarine,
Fett für das Blech

Ziehfett

225 g kalte Butter

Füllung

50 g zerlassene Butter,
100 g gehackte Mandeln,
150 g Sultaninen

Zum Bestreichen

1 Eigelb, 3 EL zerlassene Butter

Zum Bestäuben

Puderzucker

Hefeteigzubereitung 5, wie auf Seite 16 beschrieben.
Den fertigen Plunderteig auf bemehlter Arbeitsfläche dünn ausrollen.
Mit der Butter einpinseln, die Mandeln und Sultaninen gleichmäßig darauf verteilen. Den Teig von der Längsseite her vorsichtig aufrollen und den Stollen auf ein gefettetes Backblech legen. Abgedeckt an einem warmen Ort 20 Minuten gehen lassen. Mit verquirltem Eigelb bestreichen und in den vorgeheizten Backofen schieben.
Mittlere Einschubleiste
Backtemperatur: 200 °C
Backdauer: 25–30 Minuten
Den heißen Plunderstollen mit zerlassener Butter bestreichen und dick mit Puderzucker bestäuben.

Bremer Klaben

Teig

500 g Mehl, 42 g Hefe, ca. ¼ l Milch,
150 g Zucker, 1 Prise Salz,
abgeriebene Schale von
½ unbehandelten Zitrone,
je ¼ TL zerstoßene Nelken,
Zimt, Muskatblüte, Kardamom,
175 g Butter, Fett für die Form

Füllung

100 g Sultaninen, 100 g Korinthen,
je 30 g feingewürfeltes Zitronat und
Orangeat,
100 g gestiftelte Mandeln

Zum Bestreichen

Lauwarme Milch

Hefeteigzubereitung 2 oder 3, wie auf Seite 14/16 beschrieben.
Den fertigen Hefeteig auf einem bemehlten Brett mit der Hand kurz durchkneten. Mit Mehl bestäuben und ca. 3 cm dick ausrollen.
In der Mitte die vermischten Füllungszutaten verteilen und den Teig von beiden Seiten übereinanderschlagen. Den Klaben auf ein gefettetes Backblech legen und abgedeckt an einem warmen Ort 30 Minuten gehen lassen.
Mit etwas lauwarmer Milch bepinseln und in den vorgeheizten Backofen schieben.
Mittlere Einschubleiste
Backtemperatur: 180–200 °C
Backdauer: ca. 40 Minuten

Herbstrolle Marlies

Fotos

Teig

600 g Mehl,
42 g Hefe,
125 g Zucker,
ca. ⅛ l lauwarme Milch,
3 Eigelb,
200 g Magerquark,
1 Prise Salz,
1 EL Vanillinzucker,
125 g weiche Butter,
Fett für das Blech

Füllung

200 g süße Sahne,
100 g Zucker,
250 g gemahlene Haselnüsse,
1 Ei,
abgeriebene Schale von
1 unbehandelten Orange,
1–2 EL Orangensaft,
250 g gewürfelte, getrocknete Feigen,
250 g gewürfelte, getrocknete Pflaumen (oder andere Trockenfrüchte)

Zum Bestreichen

1 Eigelb,
50 g zerlassene Butter

Zum Bestäuben

Puderzucker

Für den Hefeteig das Mehl in eine große Rührschüssel geben. Die Hefe zerbröckeln und mit dem Zucker darüberstreuen. Milch, Eigelb, Quark und Gewürze zufügen. Zuletzt die Butter dazugeben. Alle Zutaten mit den Knethaken des elektrischen

Handrührgeräts oder der Standküchenmaschine auf kleinster Schaltstufe verrühren. Wenn das Mehl nicht mehr stäuben kann, auf eine höhere Geschwindigkeit umschalten. Den Teig kneten, bis er sich vom Schüsselrand löst und sich Blasen bilden. Den Hefeteig dünn mit Mehl bestäuben und an einem warmen Ort 60 Minuten gehen lassen.
Für die Füllung die Sahne mit dem Zucker aufkochen. Haselnüsse, Ei, Orangenschale und Saft unterrühren. Die Masse etwas abkühlen lassen.

Den Hefeteig auf einem Küchenhandtuch ausrollen und mit der Füllung bestreichen. Feigen und Pflaumen darauf verteilen. Mit Hilfe des Küchenhandtuchs vorsichtig aufrollen und auf ein gefettetes Backblech legen. Die Rolle mit Eigelb bestreichen und mit einer Gabel mehrmals einstechen. Abgedeckt an einem warmen Ort 20 Minuten gehen lassen. In den vorgeheizten Backofen schieben.

Mittlere Einschubleiste
Backtemperatur: 200 °C
Backdauer: ca. 50 Minuten
Die noch heiße Rolle mit der Butter bestreichen und mit Puderzucker bestäuben.

HINWEIS

Halbieren Sie Teig und Füllung und backen Sie statt einer großen Rolle zwei kleine. Eine Herbstrolle können Sie dann eventuell einfrieren.

Tiroler Nußkipferl

Teig

500 g Mehl, 42 g Hefe, ca. ¼ l Milch,
50 g Zucker, 3 Eigelb, 1 Prise Salz,
Fett für das Blech

Füllung

250 g gemahlene Haselnüsse,
200 g Zucker,
2 EL Vanillinzucker,
abgeriebene Schale von
1 unbehandelten Zitrone,
1 EL Rum, ⅛ l Milch,
3 EL Aprikosenkonfitüre

Zum Bestreichen

2 Eigelb

Hefeteigzubereitung 1 oder 2, wie auf Seite 14 beschrieben.
Für die Füllung Haselnüsse, Zucker, Vanillinzucker, Zitronenschale und Rum in der Milch zum Kochen bringen und 10 Minuten langsam kochen lassen. Vom Herd nehmen und abkühlen lassen, die Aprikosenkonfitüre unterrühren.
Den fertigen Hefeteig auf bemehlter Arbeitsplatte dünn ausrollen und Quadrate von 10 cm Seitenlänge ausschneiden. In die Mitte jeweils etwas Füllung geben und die Quadrate zu Kipferln (Hörnchen) aufrollen. Auf ein gefettetes Backblech legen.
Mit verquirltem Eigelb bestreichen und ohne Ruhezeit in den vorgeheizten Backofen schieben.
Mittlere Einschubleiste
Backtemperatur: 225 °C
Backdauer: 15–20 Minuten

Preßburger Nußbeugerl

Teig

300 g Mehl, 20 g Hefe, ca. ⅛ l Milch,
50 g Zucker, 1 Prise Salz, 150 g Butter,
Butter für das Blech

Füllung

60 g Butter, 150 g Zucker,
150 g geriebene Haselnüsse, Wasser

Zum Bestreichen

1 Eigelb, mit 2 EL Milch verquirlt

Hefeteigzubereitung 2 oder 3, wie auf Seite 14/16 beschrieben.
Für die Füllung Butter und Zucker miteinander verrühren, die Nüsse zufügen und, um die Füllung geschmeidig zu machen, etwas Wasser unterrühren.
Den mit den Händen durchgewalkten, fertigen Hefeteig auf bemehlter Arbeitsfläche ½ cm dick ausrollen und Rechtecke von ca. 10 × 7 cm ausschneiden. Mit der Nußfüllung bestreichen, zusammenrollen und ein Beugerl (Hörnchen) daraus biegen. Die Beugerl auf ein gefettetes Backblech legen und an einem warmen Ort 15 Minuten gehen lassen.
Mit der Eimilch bestreichen und in den vorgeheizten Backofen schieben.
Mittlere Einschubleiste
Backtemperatur: 200 °C
Backdauer: ca. 20 Minuten

Feine Mandelkipferl

Teig

140 g Mehl, 20 g Hefe,
4 EL süße Sahne,
2 Eigelb, 1 Prise Salz, 30 g Butter,
Fett für das Blech

Ziehfett

175 g kalte Butter

Mandelfüllung

2 Eigelb, 50 g Zucker,
100 g gemahlene Mandeln,
½ TL abgeriebene Schale von
1 unbehandelten Zitrone

Zum Bestreichen

1 Eigelb

Hefeteigzubereitung 5, wie auf Seite 16 beschrieben.
Für die Füllung alle Zutaten zu einer streichfähigen Masse verarbeiten.
Den fertigen Plunderteig dünn ausrollen und zu Quadraten von ca. 8 × 8 cm zerschneiden. Jedes Quadrat mit der Füllung bestreichen, von einer Spitze her aufrollen und zu einem Hörnchen biegen. Auf ein gefettetes Backblech legen.
Die Mandelkipferl mit verquirltem Eigelb bestreichen und abgedeckt an einem warmen Ort 15 Minuten gehen lassen. In den vorgeheizten Backofen schieben.
Mittlere Einschubleiste
Backtemperatur: 175 °C
Backdauer: ca. 25 Minuten

Dascherln des Waczlawec

Teig

500 g Mehl, 30 g Hefe, ca. ¼ l Milch,
75 g Zucker, 1 Prise Salz, 100 g Butter,
Fett für das Blech

Füllung

400 g Quark, 125 g Zucker,
1 EL Vanillinzucker, 4 Eier,
40 g Speisestärke,
abgeriebene Schale von
½ unbehandelten Zitrone

Zum Glasieren

Zitronenglasur, Seite 22

Hefeteigzubereitung 1, 2 oder 3, wie auf Seite 14/16 beschrieben.
Für die Füllung den Quark durch ein feines Sieb streichen und mit den restlichen Zutaten gut verrühren.
Den fertigen Hefeteig auf bemehlter Arbeitsfläche ausrollen und in Quadrate von ca. 10 × 10 cm schneiden. Jeweils in die Mitte etwas Füllung geben und die Ecken zur Mitte hin einschlagen und festdrücken. Die Teigstücke auf ein gefettetes Backblech legen und abgedeckt an einem warmen Ort 15 Minuten gehen lassen. In den vorgeheizten Backofen schieben.
Mittlere Einschubleiste
Backtemperatur: 180–200 °C
Backdauer: 20–25 Minuten
Nach dem Backen die Dascherln auf ein Kuchengitter legen und, sobald sie etwas abgekühlt sind, mit Zitronenglasur überziehen.

Kolatschen

Teig

500 g Mehl, 30 g Hefe, ca. ⅛ l Milch,
75 g Zucker, 1 Ei, 1 Eigelb, 1 Prise Salz,
125 g Butter, Fett für das Blech

Belag

50 g Butter, 120 g Zucker, 2 Eigelb,
375 g Magerquark, 1 EL Vanillinzucker,
1 gestrichener EL
Vanillepuddingpulver,
abgeriebene Schale von
1 unbehandelten Zitrone,
2 Eiweiß, Kirschkonfitüre

Hefeteigzubereitung 1, 2 oder 3, wie auf Seite 14/16 beschrieben.
Für den Belag Butter, Zucker und Eigelb schaumig rühren und mit dem durch ein Sieb gestrichenen Quark sowie den restlichen Zutaten bis auf Eiweiß und Konfitüre verrühren. Zuletzt das steifgeschlagene Eiweiß unterheben.
Den fertigen Hefeteig auf bemehlter Arbeitsfläche ausrollen und etwa 12 gleich große Kugeln daraus formen. Die Hefekugeln in der Mitte mit den Fingern flach drücken, dabei den Rand nach außen ziehen, bis runde Scheiben von etwa 10 cm Durchmesser entstanden sind. Die Mitte soll dünn, der Rand etwas dicker sein. Auf ein gefettetes Backblech legen und abgedeckt an einem warmen Ort 15 Minuten gehen lassen.
Auf jedes Teigstück etwas Quarkbelag geben und etwas Kirschkonfitüre daraufsetzen. Backen.
Mittlere Einschubleiste
Backtemperatur: 195 °C
Backdauer: 20–30 Minuten

Weihnachtliche Stutenkerle

Fotos

Teig

500 g Mehl, 20 g Hefe,
ca. ¼ l Milch, 50 g Zucker,
1 Ei, 1 Prise Salz,
abgeriebene Schale von
½ unbehandelten Zitrone,
50 g Butter,
Butter für das Blech

Zum Bestreichen

1 Eigelb, 2 EL Milch

Zum Verzieren

Rosinen, Orangeat, Mandeln

Hefeteigzubereitung 1, 2 oder 3, wie auf Seite 14/16 beschrieben.
Den fertigen Hefeteig auf bemehlter Arbeitsfläche gut durchkneten und für zwei Figuren halbieren. Je ⅓ Teigmasse für die Verzierungen abteilen und beiseite legen. Mit leicht bemehlten Händen Leib und Kopf der Stutenkerle formen. Die Teile auf einem gebutterten Blech zusammensetzen. Für Arme und Beine den Teig zu Strängen formen und an den Leib ansetzen. Den Teig für die Verzierungen ausrollen und nach Belieben ausstechen.
Das Eigelb mit Milch verquirlen und die Figuren damit bestreichen.
Mit Rosinen, Orangeat und Mandeln verzieren und abgedeckt an einem warmen Ort 20–30 Minuten gehen lassen. Das Blech in den vorgeheizten Backofen schieben.
Mittlere Einschubleiste
Backtemperatur: 180 °C
Backdauer: ca. 30 Minuten

Plunderteilchen

Teig

375 g Mehl,
25 g Hefe, ca. ⅛ l Milch,
60 g Zucker,
1 Prise Salz, 100 g Butter,
Butter für das Blech

Ziehfett

200 g kalte Butter

Füllungen

Konfitüre, Pudding, Marzipan,
Pflaumenmus

Zum Glasieren

Glasur nach Wahl, Seite 21/22

Hefeteigzubereitung 5, wie auf Seite 16 beschrieben.
Den fertigen Plunderteig auf bemehlter Arbeitsfläche etwa 1 cm dick ausrollen. Quadrate von etwa 10 × 10 cm sowie Rechtecke von 8 × 10 cm ausschneiden.
Für Taschen in die Mitte der Teigquadrate oder Rechtecke etwas Füllung nach Wahl geben und die sich gegenüberliegenden Ecken aufeinanderlegen. Die Ränder zusammendrücken.
Für Windmühlen die Teigquadrate von den Ecken zur Mitte hin etwas einschneiden, Füllung nach Wahl auftragen und jede zweite Spitze zur Mitte biegen und festdrücken.
Für Kaiserkragen in die Mitte der Rechtecke Füllung nach Wahl verteilen, die Rechtecke der Länge nach umklappen und die Ränder fest zusammendrücken. Die Teile halbrund zu einem Kragen biegen.
Die Plunderteilchen auf ein gefettetes Backblech legen, abgedeckt an einem warmen Ort 15 Minuten gehen lassen und in den vorgeheizten Backofen schieben.
Mittlere Einschubleiste
Backtemperatur: ca. 200 °C
Backdauer: ca. 20 Minuten
Etwas abkühlen lassen und mit Glasur überziehen.

VARIATIONEN

- ▷ Mandelfüllung: 75 g gemahlene Mandeln, 1 Ei, 4 EL Zucker und 3 Tropfen Bittermandelöl gut vermischen und in die Plunderteilchen füllen.
- ▷ Apfelfüllung: 1 großen, geriebenen Apfel, 2 EL braunen Zucker, 20 g Butter, 2 EL Orangeatwürfel und die abgeriebene Schale einer unbehandelten Orange miteinander vermischen und in die Plunderteilchen füllen.
- ▷ Ingwerfüllung: 100 g Ingwerkonfitüre mit 50 g feingehacktem, kandiertem Ingwer mischen und in die Plunderteilchen füllen.

Mohnküchle

Teig

500 g Mehl, 42 g Hefe,
ca. 1/8 l Milch, 80 g Zucker,
1 Ei, 1 Prise Salz,
125 g Butter oder Margarine,
Fett für das Blech

Belag

125 g gemahlener Mohn, ca. 1/8 l Milch,
50 g Zucker, 1 TL Vanillinzucker,
1 Ei, etwas Grieß (bei Bedarf)

Butterstreusel

125 g Mehl, 50 g Zucker,
75 g weiche Butter

Zum Glasieren

Rumglasur, Seite 22

Hefeteigzubereitung 1, 2 oder 3, wie auf Seite 14/16 beschrieben.
Für den Belag den Mohn mit kochender Milch überbrühen, durchrühren und etwa 10 Minuten stehen lassen. Die restlichen Zutaten zufügen und alles gut verrühren. Der Belag muß streichfähig sein, andernfalls etwas Grieß unterrühren.
Für die Streusel alle Zutaten mit den Händen verkneten und zerkrümeln.
Den fertigen Hefeteig auf bemehlter Arbeitsplatte zu einem dicken Strang rollen und in 10 gleich große Stücke schneiden. Auf ein gefettetes Backblech legen und mit den Händen flachdrücken. Den Mohnbelag so darauf verteilen, daß noch ein fingerbreiter Teigrand bleibt. Mit Streusel überstreuen und abgedeckt an einem warmen Ort 15 Minuten gehen lassen. Die Mohnküchle backen.
Mittlere Einschubleiste
Backtemperatur: 200 °C
Backdauer: 25–30 Minuten
Abgekühlt mit Rumglasur überziehen.

Schnecken

Teig

500 g Mehl, 42 g Hefe, ca. 1/4 l Milch,
100 g Zucker, 1 Ei, 1 Prise Salz,
1 EL Vanillinzucker,
abgeriebene Schale von
1 unbehandelten Zitrone,
100 g Butter oder Margarine,
Fett für das Blech

Belag

125 g zerlassene Butter, 125 g Rosinen,
125 g Korinthen

Zum Glasieren

Zimtglasur, Seite 21

Hefeteigzubereitung 1, 2 oder 3, wie auf Seite 14/16 beschrieben.
Den fertigen Hefeteig auf bemehlter Arbeitsplatte mit den Händen durchkneten und zu einer rechteckigen Teigplatte ausrollen. Mit der Butter bepinseln und mit den gewaschenen und gut abgetropften Rosinen und Korinthen bestreuen. Die Teigplatte von der Längsseite her aufrollen und in fingerbreite Scheiben schneiden. Die Schnecken dicht nebeneinander auf ein gefettetes Backblech legen. Abgedeckt an einem warmen Ort 15 Minuten gehen lassen. Backen.
Mittlere Einschubleiste
Backtemperatur: 200 °C
Backdauer: ca. 30 Minuten
Mit Zimtglasur überziehen.

Kopenhagener Schnecken

Foto

Teig

500 g Mehl, 42 g Hefe, ca. ¼ l Milch,
50 g Zucker, 1 Ei, 1 Prise Salz,
abgeriebene Schale von
½ unbehandelten Zitrone,
1 Prise Kardamom,
50 g Butter oder Margarine,
Fett für das Blech

Füllung

80 g weiche Butter, 40 g Zucker,
80 g gemahlene Mandeln,
75 g Korinthen,
1 Packung Frutta-Mix
(Früchtemischung zum Backen)

Zum Bestreichen

100 g weiche Butter

Hefeteigzubereitung 1, wie auf Seite 14 beschrieben.

Den fertigen Hefeteig auf bemehlter Arbeitsfläche zu einem Rechteck ausrollen.

Mit der weichen Butter bestreichen, Zucker, Mandeln, Korinthen und Frutta-Mix darüberstreuen und von der Längsseite her recht fest aufrollen. Die Rolle in 1 cm dicke Scheiben schneiden, auf ein gefettetes Backblech legen, etwas flachdrücken und abgedeckt an einem warmen Ort 15 Minuten gehen lassen.

Die Schnecken mit 50 g Butter bestreichen und backen.

Mittlere Einschubleiste
Backtemperatur: 200–225 °C
Backdauer: ca. 45 Minuten

Sofort nach dem Backen mit der restlichen Butter bestreichen.

Gefüllte Hefeschnecken Foto

Teig

300 g Mehl, 20 g Hefe,
100 ml Kaffeesahne,
50 g Zucker, 1 Ei,
abgeriebene Schale von
½ unbehandelten Zitrone,
Fett für das Blech

Füllung 1

50 g Butter, 50 g Honig,
100 g gehackte Mandeln,
2 EL Kaffeesahne

Füllung 2

180 ml Kaffeesahne, 1 EL Zucker,
½ Päckchen Vanillepuddingpulver,
100 ml Kaffeesahne, 1 Eigelb,
1 TL Cognac

Hefeteigzubereitung 1, 2 oder 3, wie auf Seite 14/16 beschrieben.

Für Füllung 1 alle Zutaten unter Rühren aufkochen, abkühlen lassen.

Für Füllung 2 die Kaffeesahne mit dem Zucker aufkochen, das Puddingpulver in 100 ml Kaffeesahne glattrühren und in die kochende Sahne gießen. Alles noch einmal aufkochen. Eigelb und Cognac in die lauwarme Vanillecreme rühren.

Den fertigen Hefeteig auf bemehlter Arbeitsplatte ca. ½ cm dick ausrollen. Die Mandelfüllung darauf verteilen, den Teig aufrollen und in zwölf Scheiben schneiden. Die Schnecken auf ein gefettetes Backblech legen, in der Mitte etwas eindrücken und abgedeckt an einem warmen Ort 15 Minuten gehen lassen. Die Vanillecreme in die Schneckenmitte geben, backen.

Mittlere Einschubleiste
Backtemperatur: 200 °C
Backdauer: ca. 25 Minuten

Kaisertaschen

Teig

300 g Mehl, 15 g Hefe,
knapp ⅛ l Milch,
50 g Zucker, 1 Prise Salz,
100 g Butter oder Margarine,
Fett für das Blech

Apfelfüllung

3 säuerliche, große Äpfel,
50 g Rosinen,
2 EL Zimtzucker,
1 Nelke,
Saft und Schale von
1 unbehandelten Zitrone,
2 EL Wasser, 2 EL Mandelblätter

Zum Bestreichen

1 Eiweiß, 1 Eigelb, 1 EL Milch

Hefeteigzubereitung 1, 2 oder 3, wie auf Seite 14/16 beschrieben.

Für die Füllung die Äpfel schälen, das Kerngehäuse entfernen und in kleine Würfel schneiden. Rosinen, Zimtzucker, zerstoßene Nelke, Zitronensaft und abgeriebene Schale sowie das Wasser zufügen. Alles etwa 10 Minuten andünsten. Abkühlen lassen und die Mandelblätter unterheben.

Den fertigen Hefeteig auf bemehlter Arbeitsplatte dünn ausrollen und runde Platten von etwa 12 cm Durchmesser ausstechen. Die Teigränder mit dem verschlagenen Eiweiß bestreichen. Je 1 EL Apfelfüllung auf eine Platte geben, zum Halbmond zusammenklappen und den Rand fest zusammendrücken. Die Taschen auf ein gefettetes Backblech legen. Abgedeckt an einem warmen Ort 15 Minuten gehen lassen.

Eigelb und Milch verquirlen und die Kaisertaschen damit bestreichen. In den vorgeheizten Backofen schieben.

Mittlere Einschubleiste
Backtemperatur: 175 °C
Backdauer: 20–25 Minuten

VARIATION

Pikante Pilztaschen: Den Hefeteig statt mit Zucker mit ½ TL Honig und ½ TL Salz zubereiten. Für die Füllung 1 kleine gewürfelte Zwiebel in 1 EL Öl glasig dünsten, 250 g kleingeschnittene, frische Champignons oder andere Pilze kurz mitbraten, 2 EL süße Sahne unterrühren und alles etwas einkochen lassen. Kräftig mit Salz und Pfeffer würzen.

Brot und Brötchen

Gewürzbrot

400 g Weizenmehl (Type 405),
400 g Roggenmehl (Type 815),
200 g Roggenschrot (Type 1800),
84 g Hefe,
ca. ¼ l Milch,
ca. ⅜ l Wasser,
2 TL Zucker, ½ TL Salz,
1 TL Koriander, 1 TL Anis,
1 TL Fenchel,
Fett für das Blech

Hefeteigzubereitung 2, wie auf Seite 14 beschrieben.
Den fertigen Teig zu einem Brotlaib ausformen, auf ein gefettetes Backblech legen und die Oberfläche diagonal mit einem Messer einritzen. Noch einmal abgedeckt an einem warmen Ort gehen lassen. Mit lauwarmem Wasser bepinseln, mit etwas Mehl bestäuben und in den vorgeheizten Backofen schieben.
Untere Einschubleiste
Backtemperatur: 220 °C
Backdauer: ca. 60 Minuten

Bauernbrot

300 g frisch gemahlenes Roggenvollkornmehl,
125 g frisch gemahlenes Weizenvollkornmehl,
50 g Vollkornhaferflocken,
35 g Hefe,
gut ¼ l Wasser, knapp 1 TL Salz,
1 EL Sonnenblumenöl,
Fett für das Blech

Hefeteigzubereitung 2, wie auf Seite 14 beschrieben.
Den fertigen Hefeteig auf bemehlter Arbeitsfläche zu einem länglichen oder runden Brotlaib formen. Auf ein gefettetes Backblech legen und abgedeckt an einem warmen Ort 20 Minuten ruhen lassen. Die Oberfläche mit einem Messer einritzen, in den vorgeheizten Backofen schieben. ½ Tasse Wasser mit auf das Backblech stellen.
Mittlere Einschubleiste
Backtemperatur: 200 °C
Backdauer: ca. 60 Minuten

Weißbrot

Foto

500 g Weizenmehl Type 405,
25 g Hefe, ¼ l Milch,
1 Prise Zucker, 1 TL Salz,
25 g Butter oder Margarine,
Fett für die Form,
Milch zum Bestreichen

Hefeteigzubereitung 1 oder 2, wie auf Seite 14 beschrieben.
Den fertigen Hefeteig auf bemehlter Arbeitsfläche mit den Händen kräftig kneten und in eine gefettete Kastenform geben. Mit einem Küchentuch abdecken und an einem warmen Ort etwa 20 Minuten gehen lassen. Mit angewärmter Milch bestreichen und in den vorgeheizten Ofen stellen.
Untere Einschubleiste
Backtemperatur: 195 °C
Backdauer: ca. 40 Minuten

Buttermilchbrot

600 g Weizenmehl (Type 405),
20 g Hefe, ½ l Buttermilch,
100 g Haferflocken,
125 g Magerquark, 2 TL Salz,
1 TL Fenchelpulver, Fett für die Form

Hefeteigzubereitung 2, wie auf Seite 14 beschrieben.
Den fertigen Hefeteig auf bemehlter Arbeitsfläche nochmals durchkneten und zu einem Strang formen. Den Teigstrang schneckenförmig zusammenrollen, und zwar so, daß er in eine große, gefettete Springform paßt. Abgedeckt an einem warmen Ort ca. 30 Minuten gehen lassen. Die Form in den vorgeheizten Ofen stellen.
Untere Einschubleiste
Backtemperatur: 170 °C
Backdauer: 50–60 Minuten

1 Dreikornbrot **2** Vollkornbrot **3** Mischbrot

Dreikornbrot

Foto

250 g Weizenmehl (Type 405),
250 g Roggenmehl (Type 815),
2 TL Salz, 30 g Hefe,
reichlich ¼ l lauwarmes Wasser,
1 TL Zucker, 20 g zerlassene Butter oder Margarine, je 50 g Sesamsamen, Leinsamen und Weizenschrot,
Fett für das Blech,
je 1 EL Sesamsamen, Leinsamen und Weizenschrot zum Bestreuen

Das Mehl mit dem Salz in eine Schüssel sieben und eine Mulde hineindrücken. Die Hefe mit etwa ⅓ des Wassers und dem Zucker verrühren, bis sie sich aufgelöst hat, und in die Mehlmulde gießen. Sobald der Vorteig aufgegangen ist, das zerlassene, abgekühlte Fett und das restliche Wasser zufügen und einen festen Teig kneten. Zuletzt die Körner einkneten. Mit bemehlten Händen eine Teigkugel formen und in der abgedeckten Schüssel in warmer Umgebung gehen lassen. Einen Brotlaib formen und auf ein gefettetes Backblech legen, mit lauwarmem Wasser bepinseln und mit den Körnern bestreuen. Das Brot noch etwa 20 Minuten gehen lassen. Mit einem scharfen Messer die Teigoberfläche einritzen und das Brot in den vorgeheizten Backofen schieben.

Mittlere Einschubleiste
Backtemperatur: 200 °C
Backdauer: ca. 60 Minuten

Festtagslaib

Teig

500 g Weizenmehl (Type 405),
30 g Hefe,
ca. ¼ l Milch,
1 TL Zucker,
1 Ei, 1 TL Salz,
75 g Butter,
Fett für die Form

Füllung

50 g zerlassene Butter,
3 EL gehackte Küchenkräuter,
z.B. Dill, Petersilie, Schnittlauch
und Kresse,
250 g in Würfel geschnittener
gekochter Schinken,
Thymian, Majoran,
Paprikapulver edelsüß,
Pfeffer

Zum Bestreichen

Milch

Zum Bestreuen

Grobes Salz

Hefeteigzubereitung 1, 2 oder 3, wie auf Seite 14/16 beschrieben.
Den fertigen Hefeteig auf dem bemehlten Backbrett zu einem Rechteck ausrollen.
Mit der flüssigen Butter bestreichen, Kräuter, Schinkenwürfel und Gewürze gleichmäßig darauf verteilen. Den Teig aufrollen, in eine gut gefettete Kastenform legen und abgedeckt an einem warmen Ort gehen lassen. Mit einem scharfen Küchenmesser die Oberseite längs einritzen und die Form in den vorgeheizten Backofen stellen.
Etwa 10 Minuten vor Ablauf der Backzeit das Brot mit Milch bestreichen und mit grobem Salz bestreuen.
Untere Einschubleiste
Backtemperatur: 185–200 °C
Backdauer: 60–70 Minuten

Vollkornbrot

Foto Seite 75

Teig

35 g Hefe, 2 TL Salz, 400 ml Wasser,
730 g frisch gemahlenes
Weizenvollkornmehl, 1 TL Anis,
2 TL Koriander, 1 TL Fenchel

Zum Bestreichen

1 Eigelb, mit 2 EL Wasser verquirlt

Zum Bestreuen

Haferflocken

Hefe und Salz im Wasser auflösen, in das gesiebte, mit den Gewürzen vermischte Mehl geben und alles mindestens 10 Minuten kräftig kneten. Abgedeckt 20 Minuten in warmer Umgebung gehen lassen. Den Teig noch einmal 5 Minuten kneten und walken. Zu einem runden Brotlaib formen, auf ein mit Mehl bestäubtes Backblech legen und nochmals 20 Minuten gehen lassen.
Mit Eiwasser bestreichen, mit Haferflocken bestreuen und in den vorgeheizten Backofen schieben. Ein flaches Gefäß mit kaltem Wasser mit hineinstellen.
Untere Einschubleiste
Backdauer/Backtemperatur:
20 Minuten bei 220 °C
plus 70–90 Minuten bei 180 °C

Zwiebelbrot mit Schinken

Teig

500 g frisch gemahlenes Vollkornmehl,
42 g Hefe, ca. ⅜ l Milch, 1 TL Zucker,
2 TL Salz, Pfeffer,
1 EL gehackte Petersilie,
Fett für die Form

Füllung

50 g Schweineschmalz,
150 g Zwiebelwürfel,
100 g gewürfelter roher Schinken,
100 g gewürfelter gekochter Schinken

Zum Bestreichen

1 verquirltes Eigelb

Hefeteigzubereitung 2, wie auf Seite 14 beschrieben.
Das Schmalz in einer Pfanne heiß werden lassen und die Zwiebelwürfel darin goldbraun anbraten. Das Fett abgießen und die Zwiebeln abkühlen lassen. In den fertigen Hefeteig die Zwiebel- und Schinkenwürfel einarbeiten. Den Teig in eine gefettete Kastenform füllen und abgedeckt an einem warmen Ort 20 Minuten gehen lassen.
Die Oberseite des Brotes längs einritzen, mit Eigelb bestreichen und in den vorgeheizten Backofen schieben.
Untere Einschubleiste
Backtemperatur: 200 °C
Backdauer: ca. 45 Minuten

VARIATION

Den Teig zu Brötchen formen und daraus Partybrötchen backen.

Englisches Hafermehlbrot

Teig

225 g Hafermehl, ca. ¼ l Milch,
25 g Hefe,
1 TL Zucker, ½ l warmes Wasser,
350 g Weizenmehl (Type 550),
1 EL Salz, 2 EL Sonnenblumenöl,
Fett für das Blech

Zum Bestreichen

Salzwasser

Zum Bestreuen

3 EL Haferflocken

Das Hafermehl in die Milch einrühren und ca. 30 Minuten quellen lassen. Die Hefe mit dem Zucker im Wasser auflösen und an einem warmen Ort gehen lassen. Hafermehl, Weizenmehl, Salz und Öl vermengen, dem Hefeansatz zufügen und alles kräftig miteinander verkneten. Der Teig muß glatt und geschmeidig werden und darf nicht mehr am Schüsselrand kleben. Mit bemehlten Händen den Teig zu einer Kugel formen und, in ein bemehltes Küchentuch gewickelt, in warmer Umgebung gehen lassen.
Auf bemehlter Arbeitsplatte den Teig nun kräftig kneten und schlagen, bis das Teiggefüge fester wird. Zwei Brotlaibe daraus formen, auf ein gefettetes Backblech legen und, mit einem Tuch abgedeckt, 20 Minuten an einem warmen Ort gehen lassen.
Mit Salzwasser bestreichen und mit Haferflocken bestreuen. Backen.
Mittlere Einschubleiste
Backtemperatur: 230 °C
Backdauer: ca. 25 Minuten

Partybrot

Teig

675 g Weizenmehl (Type 550),
40 g Hefe, knapp ¼ l Wasser,
¼ l Milch, 1 TL Zucker,
25 g Schweineschmalz,
2 TL Salz,
Fett für das Blech

Zum Bestreichen

Milch

Zum Bestreuen

Nach Belieben weißer oder blauer
Mohn oder Sesamsamen

Das Mehl in eine Schüssel sieben und eine Mulde hineindrücken. Die Hefe in der Wasser-Milch-Mischung mit dem Zucker auflösen. Nach etwa 10 Minuten bilden sich Blasen. Schmalz und Salz in die Mehlmulde geben und mit etwas Mehl vermengen. Die Hefelösung in die Mulde gießen und gleichmäßig mit dem Mehl vermengen. Den Teig kräftig kneten, bis er glatt und geschmeidig wird und nicht mehr klebrig ist. Eine Kugel daraus formen und in der abgedeckten Schüssel an einem warmen Ort gehen lassen, bis sich ihr Umfang etwa verdoppelt hat.
Auf bemehlter Arbeitsplatte den Teig mit den Händen durchkneten und schlagen. Auf ein gefettetes Backblech brötchengroße Teigkugeln von der Mitte her kreisförmig aneinanderlegen. Mit Küchentuch abdecken und gehen lassen.
Das Partybrot mit Milch bestreichen und mit Mohn oder Sesam bestreuen. Den Backofen vorheizen, ein Gefäß mit kaltem Wasser hineinstellen und das Blech einschieben.
Mittlere Einschubleiste
Backtemperatur: 230 °C
Backdauer: ca. 15 Minuten

Walnußbrot

250 g Weizenmehl (Type 405),
500 g Roggenmehl (Type 815),
60 g Hefe,
¼ l süße Sahne, ¼ l Buttermilch,
1 TL Zucker, 1 TL Salz,
200 g gehackte Walnüsse,
Fett für das Blech

Hefeteigzubereitung 2, wie auf Seite 14 beschrieben.
Den fertigen Hefeteig auf einem bemehlten Backbrett mit den Händen kräftig durchkneten und die Walnüsse einarbeiten.
Zu einem Brotlaib ausformen, mit Mehl bestäuben und abgedeckt an einem warmen Ort 20 Minuten gehen lassen. Auf ein gefettetes Backblech legen, in die Oberfläche mit einem scharfen Messer ein Rautenmuster einritzen und in den vorgeheizten Backofen schieben.
Mittlere Einschubleiste
Backtemperatur: 200 °C
Backdauer: 60–70 Minuten

Weizenbrötchen

Foto

500 g Weizenmehl (Type 405),
30 g Hefe,
ca. ¼ l Wasser,
1 TL Zucker,
1 gestrichener TL Salz,
Fett für das Blech,
lauwarme Milch
zum Bestreichen

Hefeteigzubereitung 1 oder 2, wie auf Seite 14 beschrieben.

Den fertigen Hefeteig auf bemehlter Arbeitsfläche zu einem dicken Strang formen und brötchengroße Stücke (ca. 50 g schwer) abschneiden. Zu Brötchen formen und auf ein gefettetes Backblech setzen. Abgedeckt an einem warmen Ort 20 Minuten gehen lassen. Längs oder kreuzweise einritzen, mit lauwarmer Milch bestreichen und backen.

Mittlere Einschubleiste
Backtemperatur: 210 °C
Backdauer: ca. 20 Minuten

Salzstangen

Teig

250 g Weizenmehl (Type 405),
10 g Hefe,
1 Eigelb, 140 g Butter,
Fett für das Blech

Zum Bestreichen

1 verquirltes Ei

Zum Bestreuen

Grobes Salz, Kümmel

Hefeteigzubereitung 1, wie auf Seite 14 beschrieben.
Den fertigen Hefeteig auf bemehlter Arbeitsplatte ½ cm dick ausrollen und in etwa 10 cm lange Streifen schneiden.
Auf ein gefettetes Backblech legen, mit Ei bestreichen und mit Salz und Kümmel bestreuen. In den vorgeheizten Backofen schieben.
Mittlere Einschubleiste
Backtemperatur: 200 °C
Backdauer: ca. 5 Minuten

Wiener Brötchen

Teig

500 g Weizenmehl (Type 405),
42 g Hefe,
ca. ⅛ l Milch, ca. ⅛ l Wasser,
1 Prise Zucker, 1 TL Salz,
30 g Butter oder Margarine,
Fett für das Blech

Zum Bestreichen

1 EL zerlassene Butter

Zum Bestreuen

Sesamsamen, blauer Mohn

Hefeteigzubereitung 1, 2 oder 3, wie auf Seite 14/16 beschrieben.
Den fertigen Hefeteig auf bemehlter Arbeitsplatte nochmals durchkneten und zu einem dicken Strang formen. In ca. 20 Stücke schneiden und mit bemehlten Händen runde Brötchen formen. Mit einem Messer oben kreuzweise einschneiden und auf ein gefettetes Backblech legen.
Die Brötchen mit Butter bestreichen und mit Sesam oder Mohn bestreuen. Abgedeckt in warmer Umgebung ca. 40 Minuten gehen lassen. In den vorgeheizten Backofen schieben.
Mittlere Einschubleiste
Backtemperatur: 225 °C
Backdauer: ca. 30 Minuten

Joghurtfladen

400 g Roggenmehl (Type 1370),
200 g Roggenmehl (Type 997),
150 g Sauerteig (vom Bäcker),
¼ l Wasser, 20 g Hefe,
1 TL Zucker, 2 EL Milch,
200 g Joghurt, 2 TL Salz,
2 TL Koriander, 2 TL Kümmel,
Fett für das Blech,
Roggenmehl zum Wenden

Das Roggenmehl in eine Schüssel sieben. Den Sauerteig mit der halben Wassermenge verrühren und warm stellen. Hefe und Zucker sowie Milch in das restliche Wasser einrühren. Diesen Vorteig aufgehen lassen, mit dem Mehl, dem Sauerteigansatz und den restlichen Zutaten zu einem festen Teig verarbeiten. Abgedeckt an einem warmen Ort gehen lassen. Nochmals durchkneten, apfelgroße Kugeln daraus formen und flachdrücken. In Roggenmehl wenden, mit einer Gabel einstechen und auf ein gefettetes Backblech legen. Nochmals 1 Stunde gehen lassen, in den vorgeheizten Backofen schieben.
Mittlere Einschubleiste
Backtemperatur: ca. 200 °C
Backdauer: ca. 60 Minuten

Roggenbrötchen

500 g Roggenmehl (Type 815),
35 g Hefe, ¼ l Wasser oder Milch,
1 TL Zucker, 1 TL Salz,
Fett für das Blech

Hefeteigzubereitung 2 oder 3, wie auf Seite 14/16 beschrieben.
Den fertigen Hefeteig auf bemehlter Arbeitsfläche durchkneten und zu einem dicken Strang ausformen. Dicke Scheiben abschneiden und zu Brötchen formen, in Mehl wälzen und auf ein gefettetes Backblech setzen. Mit einem scharfen Küchenmesser oben einritzen und abgedeckt in warmer Umgebung etwa 20 Minuten gehen lassen. In den vorgeheizten Backofen schieben.
Mittlere Einschubleiste
Backtemperatur: 225 °C
Backdauer: ca. 20 Minuten

VARIATIONEN

▷ Statt runder Brötchen können aus dem Teig auch längliche Teile (z. B. Spiralen) geformt werden.
▷ Die Brötchen vor dem Backen mit Haferflocken bestreuen.

Berliner Schusterjungen

400 g Roggenschrot (Type 1800),
200 g Weizenmehl (Type 550),
40 g Hefe, ⅜ l Wasser, 2 TL Salz,
Fett für das Blech,
Roggenmehl zum Bestäuben

Hefeteigzubereitung 1, wie auf Seite 14 beschrieben.
Den fertigen Hefeteig auf bemehlter Arbeitsplatte durchkneten, zu einem dicken Strang ausformen und in etwa 18 gleich große Stücke zerschneiden. Mit bemehlten Händen Brötchen daraus formen. Mit Roggenmehl bestäuben und auf ein gefettetes Backblech legen. Abgedeckt an einem warmen Ort 20 Minuten gehen lassen und in den heißen Backofen schieben.
Mittlere Einschubleiste
Backtemperatur: 210–225 °C
Backdauer: ca. 25 Minuten

Hefebrezeln

Foto

250 g Weizenmehl (Type 405),
20 g Hefe,
ca. 1 EL Milch,
2 Eier,
1 Prise Salz,
125 g Butter,
Fett für das Blech

Hefeteigzubereitung 1, wie auf Seite 14 beschrieben, jedoch nur kurz gehen lassen.
Vom fertigen Hefeteig etwa aprikosengroße Stücke abnehmen, auf bemehlter Arbeitsfläche zu einem dünnen Strang und dann zu einer Brezel formen. Die Brezeln auf ein gefettetes Blech legen, nochmals kurz gehen lassen und in den vorgeheizten Backofen schieben.
Mittlere Einschubleiste
Backtemperatur: 180 °C
Backdauer: 15–20 Minuten

Spezialitäten aus Hefeteig

Hefepudding

Teig

250 g Mehl, 15 g Hefe, ca. ⅛ l Milch,
50 g Zucker, 1 Ei, 1 Prise Salz,
abgeriebene Schale von
½ unbehandelten Zitrone,
etwa 3 Tropfen Bittermandelöl,
40 g geriebene Mandeln,
50 g Butter oder Margarine,
Fett und Semmelbrösel für die Form

Zum Beträufeln

50 g leicht gebräunte Butter

Hefeteigzubereitung 1, wie auf Seite 14 beschrieben.
Den fertigen Hefeteig in eine gut gefettete und mit Semmelbröseln ausgestreute Puddingform füllen und die Form verschließen. Lauwarmes Wasser in die Fettpfanne des Backofens gießen, die Form hineinstellen, in den kalten Backofen schieben und bei 200 °C 120 Minuten garen.
Den Pudding kurz abkühlen lassen, stürzen und mit einem Holzstäbchen mehrmals einstechen. Mit brauner Butter beträufeln und warm oder kalt servieren. Reichen Sie dazu eine Fruchtsauce, Weinschaumsauce oder gekochtes Kompott.

Nonnenfürzchen

500 g Mehl, 42 g Hefe, ca. ¼ l Milch,
60 g Zucker, 4 Eier, 1 Prise Salz,
abgeriebene Schale von
1 unbehandelten Zitrone,
60 g Butterschmalz, 100 g Rosinen,
ca. 1000 g Butterschmalz
zum Ausbacken,
Zucker zum Wälzen

Hefeteigzubereitung 1 oder 2, wie auf Seite 14 beschrieben.
In den fertigen Hefeteig die Rosinen einarbeiten. Mit einem Eßlöffel kleine Kugeln vom Teig abnehmen und, im heißen Butterschmalz schwimmend, goldgelb ausbacken. Abtropfen lassen und in Zucker wälzen.

Rum-Baba

Baba, auf russisch Großmutter, ist ein Kuchen, der einst am Hofe des Polnischen Königs Stanislaus I kredenzt wurde und sich bis heute als eine Spezialität gehalten hat.

Teig

250 g Mehl, 10 g Hefe, 1/10 l Milch,
1 TL Zucker, 3 Eier, 1 TL Salz,
75 g Butter, 50 g Korinthen,
Fett für die Form

Baba-Sirup

1/2 l Wasser, 350 g Zucker,
8 EL Rum

Guß

1/10 l Rum, 100 g Aprikosenkonfitüre

Zum Verzieren

400 ml süße Sahne,
nach Belieben kandierte Kirschen

Hefeteigzubereitung 2, wie auf Seite 14 beschrieben.
In den gegangenen Hefeteig auf bemehlter Arbeitsplatte die Korinthen einarbeiten und in eine gut gefettete Baba-Kuchenform oder Napfkuchenform füllen. Abgedeckt ca. 40 Minuten an einem warmen Ort gehen lassen. In den vorgeheizten Backofen stellen.
Untere Einschubleiste
Backtemperatur: 200 °C
Backdauer: ca. 25 Minuten
Für den Baba-Sirup Wasser und Zukker aufkochen, gut verrühren und abkühlen lassen. In die lauwarme Zuckerlösung den Rum gießen. Den ausgekühlten Baba-Kuchen in eine Schüssel mit dem Sirup legen, bis sich der Kuchen damit auch innen vollgesaugt hat. Eventuell mit einer Saucenkelle die trockenen Stellen begießen. Den getränkten Kuchen vorsichtig auf ein Kuchengitter stellen und abtropfen lassen.
Für den Guß 1/10 l vom übrigen Baba-Sirup mit dem Rum vermischen und auf die Oberfläche pinseln. Die erhitzte und durch ein Sieb passierte Aprikosenkonfitüre mit einem Kuchenpinsel sorgfältig und gleichmäßig auf der Oberfläche verteilen. Abkühlen und fest werden lassen, zuletzt den Rum-Baba mit der steif geschlagenen Sahne verzieren und mit kandierten Kirschen belegen.

VARIATION

Den Teig in kleinen Brioche-Förmchen backen, die Babas mit einem Zahnstocher mehrmals anstechen und in den Baba-Sirup legen, bis sie sich vollgesaugt haben. Die Babas in Pralinenmanschetten servieren und zu Fruchtsalat und Schlagsahne reichen.

Dampfnudeln

Teig

500 g Mehl, 42 g Hefe,
ca. ¼ l Milch, 100 g Zucker,
1 Prise Salz, 100 g Butter

Zum Garen

½ l Milch, 25 g Zucker, 25 g Butter

Hefeteigzubereitung 2, wie auf Seite 14 beschrieben.
Zum Garen der Dampfnudeln die Milch in einen Kochtopf mit gut schließendem Deckel geben und mit Zucker und Butter erhitzen.
Vom fertigen Hefeteig mit einem bemehlten Holzlöffel gleich große Portionen abstechen und in die Milch setzen. Den Topf verschließen, es darf kein Dampf entweichen, und die Nudeln bei geringer Hitze 30 Minuten garen. Den Deckel in dieser Zeit nicht anheben, die Nudeln fallen sonst zusammen! Wenn sie locker aufgegangen sind und an der Unterseite eine braune Kruste zeigen, sind sie fertig. Den Topf vom Herd nehmen, die Nudeln noch einige Minuten im geschlossenen Topf lassen, damit sie nicht zusammenfallen.
Dampfnudeln schmecken besonders gut mit einer Fruchtsauce, Backobst oder einer Vanillesauce.

Rohrnudeln

Teig

500 g Mehl, 42 g Hefe,
ca. ¼ l Milch, 100 g Zucker,
2 Eigelb, 50 g Butter,
2 EL zerlassene Butter, Fett für die Form

Füllung

Preiselbeer-, Apfel- oder
Birnenkompott

Zum Bestreichen

50 g zerlassene Butter

Hefeteigzubereitung 1, 2 oder 3, wie auf Seite 14/16 beschrieben.
Den fertigen Hefeteig durchwalken, auf bemehlter Fläche zu einem dicken Strang formen und in 12 gleich große Stücke teilen. Zwischen den Händen zu Kugeln formen und auf ein bemehltes Backbrett setzen. Abgedeckt ca. 15 Minuten an einem warmen Ort gehen lassen.
Die aufgegangenen Kugeln flachdrücken und in die Mitte 1 EL Füllung geben. Den Teig darüberziehen und die Rohrnudeln nebeneinander in eine gefettete Springform setzen.
Mit flüssiger Butter bestreichen und nochmals abgedeckt ca. 30 Minuten in warmer Umgebung gehen lassen.
In den vorgeheizten Backofen schieben.
Untere Einschubleiste
Backtemperatur: 200 °C
Backdauer: 30 Minuten

HINWEIS

Auch kalt schmecken die Rohrnudeln sehr gut.

Berliner Pfannkuchen

Teig

500 g Mehl, 30 g Hefe,
ca. ¼ l Milch, 75 g Zucker,
2 Eigelb, 1 Prise Salz,
1 EL Vanillinzucker,
50 g Butter oder Margarine,
1 Eiweiß, Fett zum Ausbacken

Füllungen

250 g Konfitüre nach Wahl oder
Pflaumenmus oder Aprikosenhälften
mit 100 g Rohmarzipan
(die Steine entfernen und
an deren Stelle ein gleich
großes Stück Marzipan
einlegen)

Zum Wälzen oder Glasieren

100 g Zucker oder Glasur nach
Wahl, Seite 21/22

Hefeteigzubereitung 1, 2 oder 3, wie auf Seite 14/16 beschrieben.
Den fertigen Hefeteig auf bemehlter Unterlage durchwalken und etwa 1 cm dick ausrollen. Mit einem Trinkglas von etwa 8 cm Durchmesser Teigplatten ausstechen.
Die Hälfte der Teigplatten mit Füllung belegen und den Rand gut mit Eiweiß bestreichen. Die restlichen Teigplatten darauflegen und die Ränder gut andrücken. Die Berliner auf einem bemehlten Backbrett abgedeckt an einem warmen Ort etwa 20 Minuten gehen lassen.
In heißem Fett schwimmend goldbraun ausbacken, abtropfen lassen und in Zucker wälzen. Abgekühlt können die Pfannkuchen auch mit Glasur überzogen werden.

Savarin mit Fruchtsalat

Foto

Teig

350 g Mehl, 20 g Hefe, 1 Tasse Milch,
150 g Butter, 1 Tasse Zucker, 4 Eier,
1 EL Vanillinzucker, 1 Prise Salz,
Fett für die Form

Zum Tränken

Saft von 3 Orangen und 1 Zitrone,
2 Schnapsgläser Weißwein,
1 Schnapsglas Wasser, 150 g Zucker,
3 Schnapsgläser Kirschwasser

Fruchtsalat

500 g gemischtes Obst der Jahreszeit,
2 EL Zucker, ¼ l süße Sahne,
1 EL Vanillinzucker, 1 EL Pistazienkerne

Hefeteigzubereitung 4, wie auf Seite 16 beschrieben.
Den Teig in eine gebutterte Kranzform füllen und abgedeckt an einem warmen Ort gehen lassen. Backen.
Untere Einschubleiste
Backtemperatur: 200 °C
Backdauer: ca. 35 Minuten
Den Saft der Zitrusfrüchte mit Wein, Wasser und dem Zucker erhitzen, bis sich dieser gelöst hat. Das Kirschwasser dazugeben und den warmen Savarin damit tränken.
Für den Fruchtsalat die vorbereiteten Früchte mit Zucker abschmecken. Die Sahne mit Vanillezucker steif schlagen, das Obst vorsichtig unterheben und in die Mitte des Savarins füllen. Mit Pistazienkernen verzieren.

VARIATION

Die Schlagsahne mit dem Spritzbeutel in die Mitte des Savarins spritzen den Obstsalat getrennt dazu reichen.

Storchennester

500 g Mehl, 42 g Hefe, ca. ¼ l Milch,
100 g Zucker, 1 Prise Salz,
100 g Butter, Fett zum Ausbacken,
Puderzucker zum Bestäuben

Hefeteigzubereitung 1, 2 oder 3, wie auf Seite 14/16 beschrieben.
Den fertigen Hefeteig zu einem dikken Strang walken und in gleich große Scheiben zerschneiden. Mit einem Nudelholz zu Fladen in Untertassengröße ausrollen. Mit einem spitzen Küchenmesser etwa 6 Einschnitte mit 1 Fingerbreit Abstand machen. Mit dem Stiel eines hölzernen Kochlöffels jeweils einen Streifen aufnehmen, den nächsten liegen lassen. Mit dem Kochlöffel aufheben und im heißen Fett goldbraun ausbacken. Abtropfen lassen und mit Puderzucker bestäuben.

Ausgezogene

500 g Mehl, 30 g Hefe, ca. ¼ l Milch,
80 g Zucker, 2 Eigelb, 1 Prise Salz,
abgeriebene Schale von
½ unbehandelten Zitrone,
80 g Butter oder Margarine,
Fett zum Ausbacken,
Zucker zum Wenden

Hefeteigzubereitung 1, 2 oder 3, wie auf Seite 14/16 beschrieben.
Den fertigen Hefeteig mit bemehlten Händen zu Klößen von ca. 5 cm Durchmesser ausformen. Auf einem mit Mehl bestäubten Backbrett in warmer Umgebung 20 Minuten gehen lassen. Jeden Kloß von der Mitte zum Rand hin so dünn ausziehen, daß die Mitte durchsichtig wird. Die Ausgezogenen im heißen Fett auf jeder Seite 3 Minuten goldbraun bakken. Die Mitte soll dabei nicht dunkel werden, sondern schön hell bleiben.
Fertige Ausgezogene gut abtropfen lassen und in Zucker wenden.

Schneebälle

500 g Mehl, 42 g Hefe,
ca. ¼ l Milch, 100 g Zucker,
1 Prise Salz, 100 g Butter,
50 g Korinthen, Fett zum Ausbacken,
Puderzucker zum Wälzen

Hefeteigzubereitung 1, 2 oder 3, wie auf Seite 14/16 beschrieben.
Die Korinthen in den fertigen Hefeteig einkneten. Mit einem Eßlöffel Teigportionen abstechen, auf dem bemehlten Backbrett zu Bällen for-

men und an warmer Stelle gehen lassen. Im heißen Fett schwimmend ausbacken, abtropfen lassen und noch warm in Puderzucker zum »Schneeball« wälzen.

Germknödel mit Mohnzucker

Teig

250 g Mehl, 20 g Hefe, 3 EL Milch, 1 Ei,
1 Prise Salz und Muskatblüte,
3 EL weiche Butter

Füllung

6 EL Powidel (Pflaumenmus)

Zum Beträufeln und Bestreuen

etwa 5 EL zerlassene heiße Butter,
5 EL gesiebter Puderzucker,
3 EL gemahlener blauer Mohn

Hefeteigzubereitung 1 oder 2, wie auf Seite 14 beschrieben.
Den fertigen und gewalkten Hefeteig auf bemehlter Fläche zu einem nicht zu dicken Strang formen und kloßgroße Stücke abschneiden.
Mit einem Teelöffel etwas Pflaumenmus hineindrücken und mit den Händen zu Knödeln formen. In einem weiten Kochtopf ca. 2 l leicht gesalzenes Wasser aufkochen. Die Knödel darin zugedeckt etwa 20–25 Minuten leicht kochen lassen.
Die gegarten Knödel mit zwei Gabeln auseinanderreißen, damit der Dampf entweichen kann. Mit heißer Butter beträufeln, Puderzucker und Mohn vermischen und darüberstreuen.

Pflaumenknödel

Teig

500 g Mehl, 42 g Hefe, 200 ml Milch,
25 g Zucker, 2 Eier, 1 Prise Salz,
abgeriebene Schale von
1 unbehandelten Zitrone,
50 g Butterschmalz,
100 g entsteinte Dörrpflaumen,
100 g gehackte Haselnüsse,
1000 g Butterschmalz zum Fritieren

Füllung

125 g Pflaumenmus

Zum Bestäuben

Puderzucker

Hefeteigzubereitung 1 oder 2, wie auf Seite 14 beschrieben.
In den fertigen Hefeteig die kleingeschnittenen Dörrpflaumen und die Haselnüsse unterkneten. Den zu einem dicken Strang geformten Teig in 12 gleich große Stücke zerteilen und zu Fladen von etwa 10 cm Durchmesser ausrollen.
In die Mitte jedes Fladens 1 TL Pflaumenmus geben und den Teig darüber zusammendrücken. Die Knödel mit der Nahtstelle nach unten auf ein bemehltes Backbrett legen und etwa 20 Minuten gehen lassen. Das Butterschmalz in einer Friteuse auf 170 °C erhitzen und die Knödel von jeder Seite 3–4 Minuten hellbraun ausbacken.
Abtropfen lassen und mit Puderzucker bestäuben.

Ballebäuschen

Foto

500 g Mehl, 42 g Hefe,
knapp ¼ l Milch,
100 g Zucker, 2 Eier, 1 Prise Salz,
75 g Butterschmalz,
150 g Rosinen,
etwa 750 g Butterschmalz zum Ausbacken,
Zucker und Zimt zum Wälzen

Hefeteigzubereitung 1, 2 oder 3, wie auf Seite 14/16 beschrieben.
In den fertigen Hefeteig die Rosinen einarbeiten. Das Butterschmalz in einer tiefen Pfanne erhitzen. Mit einem Teelöffel kleine Bällchen vom Teig abstechen und in dem heißen Fett rundherum goldbraun ausbacken. Die abgetropften Ballebäuschen in Zimtzucker wälzen.

Mecklenburgische Hefeplinsen

Foto

250 g Mehl, 25 g Hefe, ½ l Milch,
50 g Zucker, 2 Eier, 1 Prise Salz,
2 EL Sojaöl,
etwa 125 ml Sojaöl zum Ausbacken

Hefeteigzubereitung 1, wie auf Seite 14 beschrieben. (Der Plinsenteig wird dünner als der übliche Kuchenteig.)
Das Öl in einer Pfanne heiß werden lassen. Aus dem fertigen Hefeteig Plinsen von etwa 10 cm Durchmesser formen und von beiden Seiten goldbraun backen. Die gebackenen Hefeplinsen warm stellen und mit Zucker und Zimt oder Kompott nach Wahl servieren.

Böhmische Dalken pikant

500 g Mehl, 20 g Hefe, ¼ l Milch,
20 g Zucker, 1 Ei, Salz,
50 g Butter oder Margarine,
Öl zum Ausbacken, geriebener Käse nach Wahl zum Bestreuen

Hefeteigzubereitung 1 oder 2, wie auf Seite 14 beschrieben.
Den fertigen und gewalkten Hefeteig auf bemehlter Arbeitsfläche fingerdick ausrollen und runde Scheiben ausstechen. Abgedeckt an einem warmen Ort gehen lassen. In die Mitte der Teigscheiben eine Vertiefung drücken und die Dalken in heißem Öl auf beiden Seiten goldgelb backen. Abtropfen lassen, mit geriebenem Käse bestreuen und servieren.

VARIATION

Die Dalken mit Pflaumenmus oder Früchtekompott füllen und als Nachspeise servieren.

Calzone Bolzano

Teig

375 g Roggenmehl,
250 g Weizenmehl,
42 g Hefe, ⅜ l Wasser,
1 Prise Zucker, 1 TL Salz,
Fett für das Blech

Füllung

300 g Mozzarella, frisch gemahlener Pfeffer, 4 hartgekochte, geschälte Eier,
6 Minisalamis

Hefeteigzubereitung 1 oder 2, wie auf Seite 14 beschrieben.
Den fertigen Hefeteig nochmals gut durchkneten und in zwei Teile aufteilen. Auf einer bemehlten Unterlage zu zwei Platten von ca. 22 cm Durchmesser ausrollen. Eine Teigplatte auf ein gefettetes Backblech legen.
Den Mozzarella in dünne Scheiben schneiden, die Hälfte davon auf die Teigplatte auf dem Blech legen – rundum einen Rand von ca. 3 cm frei lassen – und den Käse mit Pfeffer bestreuen. Die ganzen Eier in der Mitte sternförmig auflegen, dazwischen die halbierten Minisalamis legen. Zuletzt den restlichen Käse darauf verteilen und nochmals mit etwas Pfeffer bestreuen. Die zweite Teigplatte so darüberlegen, daß der unbelegte Rand der unteren Teigplatte frei bleibt, und gut festdrücken. Den freien Rand wie eine Krempe über die Nahtstellen ziehen. Die Calzone abgedeckt ca. 30 Minuten an einem warmen Ort gehen lassen. Mit Wasser bestrichen und mit etwas Mehl bestäubt in den vorgeheizten Backofen schieben.
Mittlere Einschubleiste
Backtemperatur: 220 °C
Backdauer: ca. 50 Minuten

Liwanzen mit Käse

300 g Mehl, 20 g Hefe, ¾ l Milch,
1 EL Zucker, 2 Eier,
Fett zum Ausbacken,
geriebener Käse

Hefeteigzubereitung 1, wie auf Seite 14 beschrieben.
Den aufgegangenen, cremigen Hefeteig portionsweise in einer Pfanne

ausbacken. Die heißen Liwanzen in einem Topf übereinandergeschichtet bis zum Servieren warm halten. Vor dem Verzehr mit geriebenem Käse bestreuen.

Buchweizen-Blinis

Teig

20 g Hefe, 2 Tassen lauwarmes Wasser,
2 Tassen lauwarme Milch,
200 g Buchweizenmehl, 2 Eier,
1 TL Zucker, 2 Messerspitzen Salz,
3 EL zerlassene Butter,
100 g Weizenvollkornmehl,
Sojaöl zum Braten

Belag

¼ l saure Sahne,
50 g deutscher Kaviar,
2 hartgekochte Eier

Die Hefe im Wasser und 1 Tasse Milch auflösen. 100 g Buchweizenmehl unterrühren, 2–3 Stunden gehen lassen. Die Eier trennen, das Eigelb mit Zucker, Salz, der restlichen Milch und der Butter verrühren. Die gegangene Hefe zufügen und zuletzt das restliche Buchweizen- und das Vollkornmehl unterrühren, bis sich ein glatter Teig bildet. Das Eiweiß steif schlagen und unter den Teig heben. 45 Minuten abgedeckt an einem warmen Ort gehen lassen. Dünne Teigplatten ausformen und in heißem Sojaöl braten.
Die fertigen Blinis in saurer Sahne wenden und mit Kaviar und gehacktem Ei belegen.

Jägerpiroggen

Teig

375 g Mehl, 25 g Hefe, ca. ¼ l Milch,
1 TL Zucker, 1 Prise Salz,
75 g Butter oder Margarine,
Fett für das Blech

Füllung

2 EL Öl, 75 g gewürfelter
durchwachsener Speck,
2 gewürfelte Zwiebeln,
375 g blättrig geschnittene
Champignons, Salz, Pfeffer

Zum Bestreichen

1 Eiweiß, 1 Eigelb

Hefeteigzubereitung 1, 2 oder 3, wie auf Seite 14/16 beschrieben.
Für die Füllung das Öl in einer Pfanne heiß werden lassen, den Speck darin auslassen und die Zwiebeln glasig dünsten. Die Champignons zufügen und mitdünsten. Mit Salz und Pfeffer nach Geschmack pikant würzen.
Den fertigen Hefeteig auf bemehlter Arbeitsfläche ca. ½ cm dick ausrollen und in 10 × 10 cm große Quadrate schneiden. Auf jedes Teigteil etwas Füllung geben, die Ränder sorgfältig mit Eiweiß bestreichen und die Quadrate zu Dreiecken zusammenklappen. Die Ränder gut zusammendrükken. Die Piroggen auf ein gefettetes Backblech legen, mit verquirltem Eigelb bestreichen und abgedeckt ca. 20 Minuten an einem warmen Ort gehen lassen. Backen.
Mittlere Einschubleiste
Backtemperatur: 200–220 °C
Backdauer: ca. 20 Minuten